EIN EINSTEIGER-KOCHBUCH FÜR DEN TRAEGER-GRILL

Werden Sie ganz einfach ein Meister im Umgang mit Ihrem Traeger-Grill. Ein Kochbuch, das über 80 Rezepte enthält, die sicher Ihren Hunger stillen werden.

Kayla Hebert

INHALTSVERZEICHNIS

EINLEITUNG

Traeger Grill

Traeger Grills sind ein kleines Unternehmen mit einer großen Anhängerschaft. Mit über 500.000 Menschen auf der Warteliste für einen Grill gibt es viele Menschen, die begierig sind, einen zu kaufen und zu benutzen.

Die Traeger Company wurde 1972 gegründet, aber sie hatten ihren "Durchbruch" Produkt im Jahr 1990 mit dem ersten Pellet-Grill jemals gemacht. Seitdem haben sie diesen Grill verbessert und mit der Zeit immer besser gemacht. Sie bieten jetzt mehrere verschiedene Modelle von Grills, die alle unterschiedliche Vor- und Nachteile bieten.

So verwenden Sie den Traeger-Grill

Traeger Grill ist eine Marke von Grill, die Pellets als Brennstoff verwendet, um Ihr Essen und die Art und Weise, wie Sie es kochen. Diese Art von Grill unterscheidet sich von anderen Grills, weil er indirekte Hitze verwendet, um das Essen zu kochen, die im Inneren eines Rauchers kontrolliert wird, was zu einem anderen Geschmack des Essens führt.

Einige Traeger-Grillmodelle sind für das Räuchern eingerichtet, andere sind für das direkte Garen über Kohle und Holz gemacht, während einige über ein elektrisches Zündsystem und automatische Temperaturkontrollfunktionen mit ihrem eingebauten Thermometer verfügen.

Sie haben ausschließlich in Nordamerika verkauft, aber jetzt haben sie begonnen, über eBay zu verkaufen, so dass Sie jederzeit Zugang zu ihren Produkten haben können, auch wenn Sie nicht in den USA oder Kanada leben.

Traeger-Grills sind für Menschen konzipiert, die Essen kochen und dabei Spaß haben wollen. Sie haben Thermostate, Seitentische, Edelstahlkonstruktion und die Möglichkeit, an Erdgas angeschlossen zu werden.

Ihre Grills sind für eine Lebensdauer von mindestens 15 Jahren gebaut, weil ihr Design perfekt für das Kochen im Freien ist, das eine lange Zeit ohne Probleme dauern kann.

Kürzlich hat Traegar ein neues Grillmodell namens Traeger Lil Tex Elite 22 eingeführt, das es dem Benutzer ermöglicht, zwischen 2 bis 4 Pfund maximalem Fleisch oder Gemüse pro Stunde zu wählen, die er je nach Bedarf weiter einstellen kann. Es ist ein ausgezeichneter Grill für Anfänger, weil es ihnen erlaubt, sich an die Verwendung des Grills und seine Funktionen zu gewöhnen, bevor sie eine ernsthafte Investition in die größeren Modelle machen.

Da dieser Grill eine kleine Garfläche hat, müssen Sie Ihr Fleisch in kleine Stücke schneiden und die Garzeit entsprechend anpassen. Achten Sie auch darauf, dass Sie während des Räucherns genügend Holzspäne oder - chunks verwenden.

Es gibt 2 Probleme, die auftreten können, während mit Traeger Lil Tex Elite 22, erste ist, dass es schwer Zeit erreicht Temperatur von 275 Grad Fahrenheit, die erforderlich ist, um Lebensmittel für 4 Stunden zu rauchen, so dass Sie gezwungen sein können, um die Temperatur höher als gewünscht, indem Sie andere Art von Chips oder Brocken wie Eiche oder Obst Holz zurückgesetzt. Zweitens wird das Essen nach 4 Stunden nicht mehr rauchig sein, wenn Sie also diesen ausgeprägten Geschmack erhalten wollen, müssen Sie länger als 4 Stunden räuchern. Wenn Sie auf der Suche nach einem Grill sind, der weniger als 200 $ kostet und Ihnen trotzdem den rauchigen Geschmack gibt, dann ist dies das ideale Produkt für Sie.

Traeger Grills verwenden Holzspäne, die sie sagen, sind die besten wegen ihrer Qualität und Fähigkeit, länger zu brennen und halten die Temperatur konstant. Sie haben drei verschiedene Arten von Holzspänen, die Sie hier kaufen können:

Sie sagen, dass diese Chips in den USA und Kanada aus recyceltem Sägemehl hergestellt werden, das dann langsam getrocknet wird, um die natürlichen Aromen und die natürlichen Säfte zu erhalten.

FRÜHSTÜCK

1. Geräucherte Deviled Eggs

Zubereitungszeit: 30 Minuten
Kochzeit: 4 Stunden
Portionen: 1
Zutaten:

- 7 gekochte und geschälte Eier; hartgekocht
- 3 Teelöffel gewürfelter Schnittlauch
- 2 Teelöffel zerkrümelter Speck
- 3 Esslöffel Mayonnaise
- 1 Teelöffel Apfelessig
- 1 Teelöffel brauner Senf
- Scharfe Sauce
- Salz und Pfeffer nach Belieben
- Paprika zum Bestäuben

Wegbeschreibung:

1. Stellen Sie den Grill zum Vorheizen mit einer Temperatur von etwa 180 Grad F ein
2. Legen Sie nun die gekochten und geschälten Eier auf den Grillrost und räuchern Sie sie anschließend 30 Minuten lang
3. Vom Grill nehmen und abkühlen lassen
4. Schneiden Sie die Eier der Länge nach auf und schöpfen Sie das Eigelb in einen Zip-Top-Beutel
5. Geben Sie den Schnittlauch zusammen mit der scharfen Sauce, der Mayonnaise, dem Essig, dem Senf sowie Salz und Pfeffer in den Zip-Top-Beutel.

6. Schließen Sie wieder den Reißverschluss und kneten Sie dann alle Zutaten so, dass sie gleichmäßig vermischt werden und einen glatten Teig ergeben
7. Drücken Sie nun die Mischung auf eine Ecke des Beutels und schneiden Sie einen sehr kleinen Teil der Ecke ab.
8. Diese Mischung in hartgekochtes Eiweiß abtropfen lassen
9. Diese Eier mit zerbröseltem Speck und Paprika belegen
10. Kühlen Sie es
11. Servieren und genießen

Ernährung: Kohlenhydrate: 19 g Eiweiß: 29 g Natrium: 15 mg Cholesterin: 59 mg

2. Gebackene Knoblauch-Parmesan-Flügel

Zubereitungszeit: 30 Minuten
Kochzeit: 3 Stunden
Portionen: 1
Zutaten:

- Für die Chicken Wings
- 5lbs. Hähnchenflügel
- ½ Tasse Huhn reiben
- Für die Garnierung
- 1 Tasse geschredderter Parmesankäse
- 3 Esslöffel gehackte Petersilie
- Für die Sauce
- 10 Knoblauchzehen, fein gewürfelt
- 1 Tasse Butter
- 2 Esslöffel Huhn reiben

Wegbeschreibung:

1. Stellen Sie den Grill auf Vorheizen, indem Sie die Temperatur auf hoch stellen
2. Nehmen Sie eine große Schüssel und werfen Sie die Flügel zusammen mit der Hühnereinreibung hinein
3. Legen Sie die Wings nun direkt auf den Grillrost und garen Sie sie 10 Minuten lang
4. Drehen Sie es um und kochen Sie die zehn Minuten
5. Prüfen Sie die Innentemperatur. Sie muss im Bereich von 165 bis 180 Grad F liegen.
6. Für die Knoblauchsauce

7. Nehmen Sie einen mittelgroßen Topf und mischen Sie Knoblauch, Butter und den übrig gebliebenen Rub.
8. Kochen Sie es bei mittlerer Hitze auf einem Herd
9. 10 Minuten kochen, dabei zwischendurch umrühren, um die Bildung von Klumpen zu vermeiden
10. Wenn die Flügel nun gar sind, nehmen Sie sie vom Grill und legen sie in eine große Schüssel
11. Schwenken Sie die Flügel mit der Knoblauchsauce zusammen mit Petersilie und Parmesankäse
12. Servieren und genießen

Ernährung: Kohlenhydrate: 19 g Eiweiß: 29 g Natrium: 15 mg Cholesterin: 59 mg

3. Gegrilltes Huhn in Holzpellets

Zubereitungszeit: 10 Minuten
Kochzeit: 30 Minuten
Portionen: 8
Zutaten:
- Ganzes Huhn - 4-5 lbs.
- Gegrilltes Hähnchen-Mix

Wegbeschreibung:
1. Heizen Sie den Holzpelletgrill mit der Option "Rauch" für 5 Minuten vor.
2. Weitere 10 Minuten vorheizen und die Temperatur auf hoher Stufe halten, bis sie 450 Grad erreicht.
3. Verwenden Sie Bäckergarn, um die Hühnerbeine zusammenzubinden.
4. Halten Sie die Brustseite nach oben, wenn Sie das Hähnchen in den Grill legen.
5. Grillen Sie 70 Minuten lang. Öffnen Sie den Grill während dieses Vorgangs nicht.
6. Überprüfen Sie die Temperatur Ihres gegrillten Hähnchens. Stellen Sie sicher, dass sie 165 Grad beträgt. Wenn nicht, lassen Sie das Hähnchen länger drin.
7. Nehmen Sie das Hähnchen vorsichtig aus dem Grill.
8. 15 Minuten lang beiseite stellen.
9. Schneiden und servieren.

Ernährung: Kohlenhydrate: 0 g Eiweiß: 107 g Fett: 0 g Natrium: 320 mg
Cholesterin: 346 mg

4. Geräuchertes Hähnchenschenkel-Viertel im Pellet-Grill

Zubereitungszeit: 10 Minuten
Kochzeit: 30 Minuten
Portionen: 8
Zutaten:

- Hähnchenschenkel-Viertel - 4
- Dry Rub Gewürzmischung für Huhn - 3 Esslöffel
- Olivenöl - 1 Esslöffel
- Salz

Wegbeschreibung:

1. Waschen und trocknen Sie die Hähnchenschenkel.
2. Fügen Sie etwas Olivenöl hinzu. Bestreuen Sie das Hähnchen mit der trockenen Reibegewürzmischung.
3. 20 Minuten lang beiseite stellen.
4. Heizen Sie den Grill für 10-15 Minuten auf "Rauch" vor.
5. Legen Sie das Huhn mit der Hautseite nach oben auf den Grill, um es 1 Stunde lang zu räuchern.
6. Erhöhen Sie die Hitze auf 350 Grad und kochen Sie weitere 30 bis 60 Minuten, je nach Größe der Stücke und Anzahl der Hähnchenschenkel.
7. Stechen Sie in die dickste Stelle der Oberschenkel.
8. Wenn es fertig ist, servieren Sie ein Beinviertel mit einer Sauce Ihrer Wahl.

Ernährung: Kohlenhydrate: 1,5 g Eiweiß: 16 g Fett: 21 g

5. Gegrillte Hähnchenspieße

Zubereitungszeit: 10 Minuten
Kochzeit: 40 Minuten
Portionen: 8
Zutaten:
Für Marinade

- Olivenöl - ½ Tasse
- Zitronensaft - 1 Esslöffel

- Weißer Essig - 2 Esslöffel
- Salz - 1 ½ Esslöffel
- Gehackter Knoblauch - 1 Esslöffel
- Frischer Thymian - 1 ½ Esslöffel
- Frische italienische Petersilie - 2 Esslöffel
- Frischer Schnittlauch - 2 Esslöffel
- Gemahlener Pfeffer - ½ Esslöffel
- Für Kebabs
- Orange, gelbe und rote Paprikaschoten
- Hähnchenbrüste - 1 ½, ohne Knochen und ohne Haut
- Champignons Ihrer Wahl - 10-12 mittlere Größe

Wegbeschreibung:
1. Mischen Sie alle Zutaten für die Marinade.
2. Geben Sie das Hähnchen und die Pilze in die Marinade und stellen Sie sie in den Kühlschrank.
3. Heizen Sie Ihren Holzpellet-Grill auf 450 Grad vor.
4. Nehmen Sie das marinierte Hähnchen aus dem Kühlschrank und legen Sie es auf den Grill.
5. Grillen Sie die Spieße auf einer Seite für 6 Minuten. Wenden Sie die Spieße, um sie auf der anderen Seite zu grillen.
6. Mit einer Beilage Ihrer Wahl servieren.

Ernährung: Kohlenhydrate: 1 g Fett: 2 g Natrium: 582 mg

6. Hähnchen-Fajitas auf einem Holzpellet-Grill

Zubereitungszeit: 10 Minuten
Kochzeit: 40 Minuten
Portionen: 1
Zutaten:
- Hähnchenbrust - 2 Pfund, in dünne Scheiben geschnitten
- Rote Paprika - 1 groß
- Zwiebel - 1 groß
- Orange Paprika - 1 groß
- Gewürzmischung
- Öl - 2 Esslöffel
- Zwiebelpulver - ½ Esslöffel
- Granulierter Knoblauch - ½ Esslöffel
- Salz - 1 Esslöffel

Wegbeschreibung:

1. Heizen Sie den Grill auf 450 Grad vor.
2. Mischen Sie die Gewürze und das Öl.
3. Geben Sie die Hähnchenscheiben in die Mischung.
4. Legen Sie eine große Pfanne mit einem antihaftbeschichteten Backblech aus.
5. Lassen Sie die Pfanne 10 Minuten lang heiß werden.
6. Legen Sie das Hähnchen, die Paprika und das andere Gemüse in den Grill.
7. Grillen Sie 10 Minuten lang oder bis das Huhn gar ist.
8. Nehmen Sie es vom Grill und servieren Sie es mit warmen Tortillas und Gemüse.

Ernährung: Kohlenhydrate: 5 g Eiweiß: 29 g Fett: 6 g Natrium: 360 mg Cholesterin: 77 mg

7. <u>Chicken Wings in Holzpellets</u>

Zubereitungszeit: 10 Minuten
Kochzeit: 50 Minuten
Portionen: 1
Zutaten:

- Hähnchenflügel - 6-8 lbs.
- Rapsöl - 1/3 Tasse
- Barbeque-Gewürzmischung - 1 Esslöffel

Wegbeschreibung:

1. Kombinieren Sie die Gewürze und das Öl in einer großen Schüssel.
2. Geben Sie die Hähnchenflügel in die Schüssel und mischen Sie sie gut.
3. Drehen Sie Ihr Holzpellet auf die Einstellung "Rauch" und lassen Sie es 4-5 Minuten lang an.
4. Stellen Sie die Hitze auf 350 Grad ein und lassen Sie sie 15 Minuten lang bei geschlossenem Deckel vorheizen.
5. Legen Sie die Flügel mit ausreichend Abstand zueinander auf den Grill.
6. Lassen Sie es 45 Minuten lang kochen oder bis die Haut knusprig aussieht.
7. Vom Grill nehmen und mit Beilagen Ihrer Wahl servieren.

Ernährung: Eiweiß: 33 g Fett: 8 g Natrium: 134 mg Cholesterin: 141 mg

8. Geräuchertes Cornish-Huhn in Holzpellets

Zubereitungszeit: 10 Minuten
Kochzeit: 50 Minuten
Portionen: 1
Zutaten:

- Kornische Hühner - 6
- Canola- oder Avocadoöl - 2-3 Esslöffel
- Gewürzmischung - 6 Esslöffel

Wegbeschreibung:
1. Heizen Sie Ihren Holzpellet-Grill auf 275 Grad vor.
2. Reiben Sie das ganze Huhn mit Öl und der Gewürzmischung ein. Verwenden Sie diese beiden Zutaten großzügig.
3. Legen Sie den Brustbereich des Huhns auf den Grill und räuchern Sie es 30 Minuten lang.
4. Drehen Sie das Huhn um, sodass die Brustseite nach oben zeigt. Erhöhen Sie die Temperatur auf 400 Grad.
5. Kochen Sie, bis die Temperatur auf 165 Grad sinkt.
6. Ziehen Sie es heraus und lassen Sie es 10 Minuten lang stehen.
7. Warm mit einer Beilage Ihrer Wahl servieren.

Ernährung: Kohlenhydrate: 1 g Eiweiß: 57 g Fett: 50 g Natrium: 165 mg Cholesterin: 337 mg

9. Wild Turkey Egg Rolls

Zubereitungszeit: 10 Minuten
Zubereitungszeit: 55 Minuten
Portionen: 1
Zutaten:

- Mais - ½ Tasse
- Reste von Wildtruthahnfleisch - 2 Tassen
- Schwarze Bohnen - ½ Tasse
- Taco Gewürz - 3 Esslöffel
- Wasser ½ Tasse
- Rotel Chilischoten und Tomaten - 1 Dose
- Frühlingsrollen-Wrapper - 12
- Gehackte Knoblauchzehen - 4
- 1 gehackte Poblano-Paprika oder 2 Jalapeno-Paprika

- Gehackte weiße Zwiebel - ½ Tasse

Wegbeschreibung:

1. Geben Sie etwas Olivenöl in eine ziemlich große Pfanne. Erhitzen Sie es bei mittlerer Hitze auf einem Herd.
2. Paprika und Zwiebeln hinzufügen. Sautieren Sie die Mischung 2-3 Minuten lang, bis sie weich wird.
3. Fügen Sie etwas Knoblauch hinzu und braten Sie ihn weitere 30 Sekunden lang an. Fügen Sie die Rotel-Chilis und die Bohnen der Mischung hinzu. Mischen Sie den Inhalt weiterhin vorsichtig. Reduzieren Sie die Hitze und köcheln Sie dann.
4. Nach etwa 4-5 Minuten die Taco-Würze und 1/3 Tasse Wasser über das Fleisch gießen. Mischen Sie alles und beschichten Sie das Fleisch gut. Wenn Sie das Gefühl haben, dass es ein wenig trocken ist, können Sie 2 Esslöffel Wasser hinzufügen. Kochen Sie weiter, bis alles ganz durcherhitzt ist.
5. Nehmen Sie den Inhalt vom Herd und verpacken Sie ihn zum Aufbewahren im Kühlschrank. Bevor Sie die Masse in die Eierverpackungen füllen, sollte sie vollständig abgekühlt sein, damit die Rollen nicht brechen.
6. Geben Sie einen Löffel der gekochten Mischung in jeden Wrapper und wickeln Sie ihn dann sicher und fest ein. Machen Sie dasselbe mit allen Wrappern.
7. Heizen Sie den Pelletgrill vor und bepinseln Sie ihn mit etwas Öl. Garen Sie die Frühlingsrollen 15 Minuten lang auf beiden Seiten, bis die Außenseite schön knusprig ist.
8. Nehmen Sie sie vom Grill und genießen Sie sie mit Ihrer Lieblingssalsa!

Ernährung: Kohlenhydrate: 26,1 g Eiweiß: 9,2 g Fett: 4,2 g Natrium: 373,4 mg Cholesterin: 19,8 mg

10. <u>Gegrilltes Filet Mignon</u>

Zubereitungszeit: 10 Minuten
Kochzeit: 20 Minuten
Portionen: 1
Zutaten:
- Salz
- Pfeffer
- Filet Mignon - 3

Wegbeschreibung:
1. Heizen Sie Ihren Grill auf 450 Grad vor.
2. Würzen Sie das Steak mit einer guten Menge Salz und Pfeffer, um seinen Geschmack zu verbessern.
3. Auf den Grill legen und nach 5 Minuten umdrehen.
4. Grillen Sie beide Seiten für jeweils 5 Minuten.
5. Nehmen Sie es heraus, wenn es gar aussieht, und servieren Sie es mit Ihrer Lieblingsbeilage.

Ernährung: Kohlenhydrate: 0 g Eiweiß: 23 g Fett: 15 g Natrium: 240 mg Cholesterin: 82 mg

11. <u>Fischeintopf</u>

Zubereitungszeit: 20min
Kochzeit: 25min
Portionen: 8
Zutaten:
- 1 Glas (28oz.) Zerdrückte Tomaten
- 2 oz. Tomatenmark
- ¼ Tasse Weißwein
- ¼ Tasse Hühnerbrühe
- 2 Esslöffel Butter
- 2 Knoblauchzehen, gehackt
- ¼ Zwiebel, gewürfelt
- ½ Pfund Garnelen gepult und gesäubert
- ½ lb. Muscheln
- ½ lb. Heilbutt
- Petersilie
- Brot

Wegbeschreibung:
1. Heizen Sie den Grill bei geschlossenem Deckel auf 300F vor.
2. Stellen Sie einen Dutch Oven auf mittlere Hitze und schmelzen Sie die Butter.
3. Braten Sie die Zwiebel 4 - 7 Minuten lang an. Fügen Sie den Knoblauch hinzu - kochen Sie 1 weitere Minute.
4. Fügen Sie das Tomatenmark hinzu. Kochen, bis die Farbe rostrot wird. Gießen Sie die Brühe und den Wein. 10 Minuten kochen. Fügen Sie die Tomaten, köcheln lassen.

5. Hacken Sie den Heilbutt und geben Sie ihn zusammen mit den anderen Meeresfrüchten in den Dutch Oven. Legen Sie ihn auf den Grill und decken Sie ihn mit einem Deckel ab.
6. Lassen Sie es 20 Minuten lang kochen.
7. Mit schwarzem Pfeffer und Salz würzen und beiseite stellen.
8. Mit gehackter Petersilie bestreuen und mit Brot servieren.
9. Viel Spaß!

Ernährung: Kalorien: 188 Eiweiß: 25g Kohlenhydrate: 7g Fett: 12g

12. Gegrillter Tilapia "Ceviche"

Zubereitungszeit: 30 Minuten
Kochzeit: 10 Minuten
Portionen: 4
Zutaten:
- 1 lb. Tilapia-Filets
- ¼ c. gehackte Petersilie
- ¼ c. gehackter frischer Koriander
- ¼ c. frisch gepresster Limettensaft
- 2 Esslöffel Olivenöl
- ½ Teelöffel rote Chiliflocken
- 5 gehackte grüne Zwiebeln
- 2 Tomatenwürfel
- 2 geschnittene Stangen Sellerie
- ½ gehackte grüne Paprika
- Salz
- Pfeffer

Wegbeschreibung:
1. Mischen Sie in einer großen Schüssel Limettensaft, Olivenöl, Gemüse und Kräuter.

2. Grillen:
3. Heizen Sie den Grill auf 400F vor.
4. Bestreuen Sie beide Seiten der Tilapia mit Pfeffer und Salz und legen Sie sie auf den Rost.
5. Schließen Sie die Kuppel und kochen Sie 3 Minuten lang.
6. Drehen Sie den Fisch vorsichtig um und kochen Sie ihn weitere 2-3 Minuten oder bis er undurchsichtig ist. Beiseite stellen.
7. Zerpflücken Sie die Tilapia-Filets und rühren Sie sie vorsichtig unter die Gemüsemischung, um sie zu kombinieren.
8. Bei Zimmertemperatur oder gekühlt servieren.

Ernährung: Kalorien: 220, Fett: 4 g, Kohlenhydrate: 17 g, Eiweiß: 33 g

13. <u>Süßer Honig-Soja-Räucherlachs</u>

Zubereitungszeit: 10 Minuten
Kochzeit: 2 Stunden
Portionen: 10
Zutaten:
- Lachsfilet (4-lbs., 1,8-kg.)

Die Sole
- Brauner Zucker - ¾ Tasse
- Sojasauce - 3 Esslöffel
- Koscheres Salz - 3 Teelöffel
- Kaltwasser - 3 Tassen

Die Glasur
- Butter - 2 Esslöffel
- Brauner Zucker - 2 Esslöffel
- Olivenöl - 2 Esslöffel
- Honig - 2 Esslöffel
- Sojasauce - 1 Esslöffel

Wegbeschreibung:

1. Geben Sie braunen Zucker, Sojasauce und koscheres Salz in das kalte Wasser und rühren Sie, bis es sich aufgelöst hat.
2. Legen Sie das Lachsfilet in die Salzlakenmischung und lassen Sie es mindestens 2 Stunden einweichen.
3. Nehmen Sie das Lachsfilet nach 2 Stunden aus der Salzlake, waschen und spülen Sie es dann ab.
4. Schließen Sie den Holzpellet-Smoker an und legen Sie die Holzpellets in den Trichter. Schalten Sie den Schalter ein.
5. Stellen Sie die Temperatur auf 225°F (107°C) ein und bereiten Sie den Holzpellet-Smoker für indirekte Hitze vor. Warten Sie, bis der Holzpellet-Smoker bereit ist.
6. Legen Sie das Lachsfilet in den Holzpellet-Smoker und räuchern Sie es 2 Stunden lang.
7. Schmelzen Sie in der Zwischenzeit die Butter bei niedriger Hitze und mischen Sie sie mit braunem Zucker, Olivenöl, Honig und Sojasauce. Gut mischen.
8. Nach einer Stunde Räuchern begießen Sie das Lachsfilet mit der Glasurmischung und wiederholen dies alle 10 Minuten.
9. Räuchern Sie, bis der Lachs flockig ist, und nehmen Sie ihn aus dem Holzpellet-Smoker.
10. Geben Sie das Räucherlachsfilet auf eine Servierplatte und begießen Sie es mit der restlichen Glasurmischung.
11. Servieren und genießen.

Ernährung: Kalorien: 188 Fett: 12g Eiweiß: 25g Kohlenhydrate: 7g

14. Preiselbeer-Zitrone geräucherte Makrele

Zubereitungszeit: 10 Minuten
Kochzeit: 2 Stunden
Portionen: 10

Zutaten:
- Makrelenfilet (3,5-lb., 2,3-kg.)

Die Sole
- Cranberry-Saft - 3 Dosen
- Ananassaft - ½ Tasse
- Kaltwasser - 3 Tassen
- Brauner Zucker - ¼ Tasse
- Zimtstange - 2
- Frische Zitronen - 2
- Lorbeerblätter - 2
- Frische Thymianblätter - 3

Der Reib
- Koscheres Salz - ¾ Teelöffel
- Pfeffer - ¾ Teelöffel

Wegbeschreibung:
1. Mischen Sie den Cranberrysaft und den Ananassaft mit Wasser und rühren Sie dann gut um.
2. Rühren Sie den braunen Zucker in die flüssige Mischung ein und rühren Sie, bis er sich aufgelöst hat.
3. Schneiden Sie die Zitronen in Scheiben und geben Sie sie zusammen mit Zimtstangen, Lorbeerblättern und frischen Thymianblättern in die flüssige Mischung.
4. Legen Sie das Makrelenfilet in die Salzlake und lassen Sie es mindestens 2 Stunden lang einweichen. Bewahren Sie es im Kühlschrank auf, damit das Makrelenfilet frisch bleibt.
5. Nehmen Sie das Makrelenfilet nach 2 Stunden aus dem Kühlschrank und nehmen Sie es aus dem Lakegemisch.
6. Schließen Sie den Holzpellet-Smoker an und legen Sie die Holzpellets in den Trichter. Schalten Sie den Schalter ein.
7. Stellen Sie die Temperatur auf 225°F (107°C) ein und bereiten Sie den Holzpellet-Smoker für indirekte Hitze vor. Warten Sie, bis der Holzpellet-Smoker bereit ist.
8. Bestreuen Sie das Makrelenfilet mit Salz und Pfeffer und legen Sie es dann in den Holzpellet-Smoker.
9. Räuchern Sie das Makrelenfilet 2 Stunden lang oder bis es flockig wird und nehmen Sie es aus dem Holzpellet-Smoker.
10. Geben Sie das geräucherte Makrelenfilet auf eine Servierplatte und servieren Sie es.
11. Viel Spaß!

Ernährung: Kalorien: 188 Fett: 12g Eiweiß: 25g Kohlenhydrate: 7g

15. Zitrisch geräucherter Thunfischbauch mit Sesamaroma

Zubereitungszeit: 10 Minuten
Kochzeit: 2 Stunden
Portionen: 10
Zutaten:

- Thunfischbauch (1,8 kg, 4 lbs.)

Die Marinade

- Sesamöl - 3 Esslöffel
- Sojasauce - ½ Tasse
- Zitronensaft - 2 Esslöffel
- Orangensaft - ½ Tasse
- Gehackte frische Petersilie - 2 Esslöffel
- Oregano - ½ Teelöffel
- Gehackter Knoblauch - 1 Esslöffel
- Brauner Zucker - 2 Esslöffel
- Koscheres Salz - 1 Teelöffel
- Pfeffer - ½ Teelöffel

Die Glasur

- Ahornsirup - 2 Esslöffel
- Balsamico-Essig - 1 Esslöffel

Wegbeschreibung:

1. Kombinieren Sie Sesamöl mit Sojasauce, Zitronensaft und Orangensaft und mischen Sie dann gut.
2. Fügen Sie Oregano, gehackten Knoblauch, braunen Zucker, koscheres Salz, Pfeffer und gehackte Petersilie zu der feuchten Mischung hinzu und rühren Sie, bis alles eingearbeitet ist.

3. Tragen Sie die feuchte Mischung vorsichtig auf das Thunfischfilet auf und marinieren Sie es für 2 Stunden. Bewahren Sie es im Kühlschrank auf, damit der Thunfisch frisch bleibt.
4. Nehmen Sie den marinierten Thunfisch nach 2 Stunden aus dem Holzpellet-Smoker und lassen Sie ihn bei Raumtemperatur auftauen.
5. Schließen Sie den Holzpellet-Smoker an und legen Sie die Holzpellets in den Trichter. Schalten Sie den Schalter ein.
6. Stellen Sie die Temperatur auf 225°F (107°C) ein und bereiten Sie den Holzpellet-Smoker für indirekte Hitze vor. Warten Sie, bis der Holzpellet-Smoker bereit ist.
7. Legen Sie das marinierte Thunfischfilet in den Holzpellet-Smoker und räuchern Sie es, bis es flockig ist.
8. Sobald es fertig ist, nehmen Sie das geräucherte Thunfischfilet aus dem Holzpellet-Smoker und geben es auf eine Servierplatte.
9. Mischen Sie den Ahornsirup mit Balsamico-Essig und gießen Sie die Mischung über das geräucherte Thunfischfilet.
10. Servieren und genießen.

Ernährung: Kalorien: 220, Eiweiß: 33 g Fett: 4 g, Kohlenhydrate: 17 g,

16. Pikant geräucherte Forelle mit Fenchel und schwarzem Pfefferrub

Zubereitungszeit: 10 Minuten
Kochzeit: 2 Stunden
Portionen: 10
Zutaten:
• Forellenfilet (4,5-lb., 2.3-kg.)
Der Reib
• Zitronensaft - 2 Esslöffel

- Fenchelsamen - 3 Esslöffel
- Gemahlener Koriander - 1 ½ Esslöffel
- Schwarzer Pfeffer - 1 Esslöffel
- Chilipulver - ½ Teelöffel
- Koscheres Salz - 1 Teelöffel
- Knoblauchpulver - 1 Teelöffel

Die Glasur
- Olivenöl - 3 Esslöffel

Wegbeschreibung:
1. Beträufeln Sie das Forellenfilet mit Zitronensaft und lassen Sie es ca. 10 Minuten ruhen.
2. In der Zwischenzeit die Fenchelsamen mit Koriander, schwarzem Pfeffer, Chilipulver, Salz und Knoblauchpulver vermischen und gut durchrühren.
3. Das Forellenfilet mit der Gewürzmischung einreiben und beiseite stellen.
4. Schließen Sie den Holzpellet-Smoker an und legen Sie die Holzpellets in den Trichter. Schalten Sie den Schalter ein.
5. Stellen Sie die Temperatur auf 225°F (107°C) ein und bereiten Sie den Holzpellet-Smoker für indirekte Hitze vor. Warten Sie, bis der Holzpellet-Smoker bereit ist.
6. Legen Sie das gewürzte Forellenfilet in den Holzpellet-Smoker und räuchern Sie es 2 Stunden lang.
7. Bestreichen Sie das Forellenfilet mit Olivenöl und wiederholen Sie dies alle 20 Minuten.
8. Sobald die geräucherte Forelle flockig ist, nehmen Sie sie aus dem Holzpellet-Räucherer und geben sie auf eine Servierplatte.
9. Servieren und genießen.

Ernährung: Kalorien: 220, Kohlenhydrate: 17 g, Fett: 4 g, Eiweiß: 33 g

17. Knoblauch Lachs

Zubereitungszeit: 10 Minuten
Kochzeit: 16 Minuten
Portionen: 6 - 8
Zutaten:

- 1 Haut auf Lachsfilet
- 2 Esslöffel Knoblauch, gehackt
- 1 Flasche BBQ-Sauce
- 4 Zweige Frühlingszwiebeln, gehackt
- Lachs Gewürz

Wegbeschreibung:

1. Würzen Sie den Fisch mit Lachsgewürz.
2. Geben Sie die BBQ-Sauce, 2 Frühlingszwiebeln (gehackt) und den Knoblauch in eine Schüssel. Gut umrühren und beiseite stellen.
3. Heizen Sie den Grill bei geschlossenem Deckel auf 450F vor.
4. Bestreichen Sie den Fisch mit der Soßenmischung. Grillen Sie den Fisch mit der Haut nach unten für 8 Minuten pro Seite.
5. Mit grünen Zwiebeln bestreut servieren. Genießen Sie!

Ernährung: Kalorien: 240;Proteine: 23g;Kohlenhydrate: 3g;Fett: 16g

18. Gebratene Thunfischsteaks

Zubereitungszeit: 5 Minuten
Kochzeit: 5 Minuten
Portionen: 2 - 4
Zutaten:

- 3 -Zoll-Thunfisch
- Schwarzer Pfeffer
- Meersalz
- Olivenöl

- Sriracha
- Sojasoße

Wegbeschreibung:
1. Die Thunfischsteaks mit Öl beträufeln und mit schwarzem Pfeffer und Salz bestreuen.
2. Heizen Sie den Grill bei geschlossenem Deckel auf Hoch vor.
3. Grillen Sie den Thunfisch für 2 ½ Minuten pro Seite.
4. Nehmen Sie es vom Grill. Lassen Sie es 5 Minuten lang ruhen.
5. In dünne Stücke schneiden und mit Sriracha und Sojasoße servieren. Genießen Sie.

Ernährung: Kalorien: 120;Proteine: 34g;Kohlenhydrate: 0;Fett: 1.5g

19. Klassisch geräucherte Forelle

Zubereitungszeit: 15 Minuten
Kochzeit: 1 Stunde
Portionen: 3
Zutaten:
- 4 Tassen Wasser
- 1-2 Tassen dunkelbrauner Zucker
- 1 Tasse Meersalz
- 3 Pfund Forelle, Rückgrat und Stiftknochen entfernt
- 4 Esslöffel Olivenöl

Wegbeschreibung:
1. Heizen Sie den elektrischen Smoker-Grill vor, indem Sie die Temperatur auf 250 Grad F einstellen und den Deckel für 15 Minuten schließen.
2. Nehmen Sie einen Kochtopf und kombinieren Sie alle Zutaten für die Salzlake, einschließlich Wasser, Zucker und Salz.
3. Tauchen Sie den Fisch für einige Stunden in die Salzlakenmischung ein.

4. Nehmen Sie den Fisch anschließend heraus und tupfen Sie ihn mit dem Papiertuch trocken.
5. Beträufeln Sie den Fisch mit Olivenöl, und legen Sie ihn dann zum Garen auf den Grillrost.
6. Räuchern Sie den Fisch 1 Stunde lang, bis die Innentemperatur 140 Grad Fahrenheit erreicht.
7. Dann servieren.

Ernährung: Kalorien: 220, Kohlenhydrate: 17 g, Fett: 4 g, Eiweiß: 33 g

20. Geschwärzte Mahi-Mahi-Tacos

Zubereitungszeit: 15 Minuten
Kochzeit: 45 Minuten
Portionen: 6
Zutaten:

- 4 Mahi-Mahi-Filets, je ca. 4 Unzen
- 4 Teelöffel Habanero-Gewürz
- 2 Esslöffel Olivenöl
- 12 kleine Tortillas, getoastet
- 1/3 Tasse gewürfelte rote Zwiebel
- 2 Esslöffel Limettensaft
- 2 Tassen geschredderter Rotkohl
- 1 Tasse Mango-Salsa
- 1 Becher saure Sahne

Wegbeschreibung:

1. Öffnen Sie den Trichter des Smokers, fügen Sie trockene Paletten hinzu, vergewissern Sie sich, dass der Aschekasten eingesetzt ist, öffnen Sie dann die Ascheklappe, schalten Sie den Smoker ein und schließen Sie die Ascheklappe.
2. Stellen Sie die Temperatur des Smokers auf 400 Grad F ein, schalten Sie den Smoker in den Kochmodus mit offener Flamme, drücken Sie die Taste 3 für die offene Flamme, nehmen Sie die Grillroste und die Charge heraus, setzen Sie die Charge wieder auf den Einsatz mit direkter Flamme, legen Sie die Roste wieder in die untere Position und lassen Sie den Smoker 30 Minuten lang vorheizen oder bis das grüne Licht auf der Skala blinkt, das anzeigt, dass der Smoker die eingestellte Temperatur erreicht hat.
3. In der Zwischenzeit die Filets mit Wasser abspülen, mit Papiertüchern trocken tupfen, dann mit Öl einreiben und von

beiden Seiten mit Habanero-Gewürz würzen, bis zum Gebrauch beiseite stellen.

4. Legen Sie die Filets auf den Smoker-Grill, schließen Sie ihn mit dem Deckel und räuchern Sie sie 7 Minuten pro Seite oder bis sie gar sind.

5. Wenn die Filets gar sind, auf ein Schneidebrett legen, 5 Minuten ruhen lassen und dann in mundgerechte Stücke schneiden.

6. Die Tacos zusammenstellen. Dazu die Tortillas in zwei Hälften stapeln, dann gleichmäßig Filetstücke hineinlegen, mit Zwiebel, Kohl, Salsa und Sahne belegen und mit Limettensaft beträufeln.

7. Sofort servieren.

Ernährung: Kalorien: 230; Gesamtfett: 8 g; Gesättigtes Fett: 1,5 g; Eiweiß: 13 g; Kohlenhydrate: 26 g; Ballaststoffe: 4 g; Zucker: 2 g

MITTAGESSEN

21. Lammkoteletts

Zubereitungszeit: 10 Minuten
Kochzeit: 10 Minuten
Portionen: 8
Zutaten:
Für das Lamm:
- 16 Lammkoteletts, Fett abgeschnitten
- 2 Esslöffel Greek Freak-Gewürz

Für die Minzsauce:
- 1 Esslöffel gehackte Petersilie
- 12 Knoblauchzehen, geschält
- 1 Esslöffel gehackte Minze
- 1/4 Teelöffel getrockneter Oregano
- 1 Teelöffel Salz
- 1/4 Teelöffel gemahlener schwarzer Pfeffer
- 3/4 Tasse Zitronensaft
- 1 Tasse Olivenöl

Wegbeschreibung:
1. Bereiten Sie die Minzsauce vor. Geben Sie dafür alle Zutaten in eine Küchenmaschine und pulsieren Sie dann 1 Minute lang, bis sie glatt ist.
2. Gießen Sie 1/3 Tasse der Minzsauce in einen Plastikbeutel, geben Sie die Lammkoteletts hinein, verschließen Sie den Beutel, drehen Sie ihn auf den Kopf, um die Lammkoteletts mit der Sauce zu überziehen und lassen Sie sie dann mindestens 30 Minuten im Kühlschrank marinieren.
3. Wenn Sie bereit sind zu kochen, schalten Sie den Pelletgrill ein, füllen Sie den Grilltrichter mit Holzpellets mit Apfelgeschmack, schalten Sie den Grill über das Bedienfeld ein, wählen Sie "Rauch" auf dem Temperaturregler oder stellen Sie die Temperatur auf 450 Grad F und lassen Sie ihn mindestens 15 Minuten lang vorheizen.
4. In der Zwischenzeit Lammkoteletts aus der Marinade nehmen und anschließend mit griechischen Gewürzen würzen.

5. Wenn der Grill vorgeheizt ist, öffnen Sie den Deckel, legen Sie die Lammkoteletts auf den Grillrost, schließen Sie den Grill und räuchern Sie sie 4 bis 5 Minuten pro Seite, bis sie auf die gewünschte Stufe gegart sind.
6. Wenn es fertig ist, übertragen Sie die Lammkoteletts auf einen Teller und servieren Sie sie dann.

Ernährung: Kalorien: 362 Kal Fett: 26 g Kohlenhydrate: 0 g Eiweiß: 31 g Ballaststoffe: 0 g

22. Klassische Lammkoteletts

Zubereitungszeit: 10 Minuten
Kochzeit: 30 Minuten
Portionen: 4
Inhaltsstoffe
- Holzpellet-Geschmack: Erle
- 4 (8-Unzen) Lammkoteletts mit Knochen
- 2 Esslöffel Olivenöl
- 1 Charge Rosmarin-Knoblauch-Lammgewürz

Wegbeschreibung:
1. Versorgen Sie Ihren Smoker mit Holzpellets und befolgen Sie die spezifische Inbetriebnahmeprozedur des Herstellers. Heizen Sie den Grill auf 350°F vor. Schließen Sie den Deckel
2. Reiben Sie das Lamm großzügig mit Olivenöl ein und bestreichen Sie es auf beiden Seiten mit den Gewürzen.
3. Legen Sie die Koteletts direkt auf den Grillrost und grillen Sie sie, bis ihre Innentemperatur 145°F erreicht. Nehmen Sie das Lammfleisch vom Grill und servieren Sie es sofort.

Ernährung: Kalorien: 50 Kohlenhydrate: 4g Ballaststoffe: 2g Fett: 2,5g Eiweiß: 2g

23. Gebratene Lammkoteletts

Zubereitungszeit: 10 Minuten
Kochzeit: 20 Minuten
Portionen: 4
Zutaten:
- Holzpellet-Geschmack: Erle

- 4 (8-Unzen) Lammkoteletts mit Knochen
- 2 Esslöffel Olivenöl
- 1 Charge Rosmarin-Knoblauch-Lammgewürz

Wegbeschreibung:
1. Versorgen Sie Ihren Smoker mit Holzpellets und befolgen Sie die spezifische Inbetriebnahmeprozedur des Herstellers. Heizen Sie den Grill auf 500 F vor. Schließen Sie den Deckel
2. Reiben Sie die Lammkoteletts rundherum mit Olivenöl ein und bestreichen Sie sie von beiden Seiten mit den Gewürzen.
3. Legen Sie die Koteletts direkt auf den Grillrost und grillen Sie sie, bis sie eine Innentemperatur von 120°F für rare, 130°F für medium und 145F für well-done erreichen. Nehmen Sie das Lammfleisch vom Grill und servieren Sie es sofort.

Ernährung: Kalorien: 50 Kohlenhydrate: 4g Ballaststoffe: 2g Fett: 2,5g Eiweiß: 2g

24. <u>Gebratene Lammkeule</u>

Zubereitungszeit: 15 Minuten
Kochzeit: 1-2 Stunden
Portionen: 4
Zutaten:
- Holzpellet-Geschmack: Hickory
- 1 (6- bis 8-Pfund) Lammkeule ohne Knochen
- 2 Chargen Rosmarin-Knoblauch-Lammgewürz

Wegbeschreibung:
1. Versorgen Sie Ihren Smoker mit Holzpellets und befolgen Sie die spezifische Inbetriebnahmeprozedur des Herstellers. Heizen Sie den Grill auf 350°F vor. Schließen Sie den Deckel
2. Reiben Sie die Lammkeule mit den Händen mit den Gewürzen ein, reiben Sie sie unter und um eventuelle Netze herum.
3. Legen Sie das Lamm direkt auf den Grillrost und räuchern Sie es, bis seine Innentemperatur 145°F erreicht.
4. Nehmen Sie das Lamm vom Grill und lassen Sie es 20 bis 30 Minuten ruhen, bevor Sie das Netz entfernen, es in Scheiben schneiden und servieren.

Ernährung: Kalorien: 50 Kohlenhydrate: 4g Ballaststoffe: 2g Fett: 2,5g Eiweiß: 2g

25. Pazifischer Nordwest-Lachs

Zubereitungszeit: 15 Minuten
Zubereitungszeit: 1 Stunde und 15 Minuten
Portionen: 4
Zutaten:
- 1 (2 Pfund) halbes Lachsfilet
- 1 Charge Dill Meeresfrüchte-Rub
- 2 Esslöffel Butter, in 3 oder 4 Scheiben geschnitten

Wegbeschreibung:
1. Versorgen Sie Ihren Smoker mit Holzpellets und befolgen Sie die spezifische Inbetriebnahmeprozedur des Herstellers. Heizen Sie den Grill bei geschlossenem Deckel auf 180°F vor.
2. Würzen Sie den Lachs rundum mit dem Rub. Arbeiten Sie den Rub mit den Händen in das Fleisch ein.
3. Legen Sie den Lachs mit der Hautseite nach unten direkt auf den Grillrost und räuchern Sie ihn 1 Stunde lang.
4. Legen Sie die Butterscheiben in gleichmäßigen Abständen auf den Lachs. Erhöhen Sie die Temperatur des Grills auf 300°F und garen Sie weiter, bis die Innentemperatur des Lachses 145°F erreicht hat. Nehmen Sie den Lachs vom Grill und servieren Sie ihn sofort.

Ernährung: Kalorien: 117Gesamtfett: 4,3gCholesterin: 23gKalium: 175mg

26. Heißgeräucherter Lachs

Zubereitungszeit: 15 Minuten
Garzeit: 4 bis 6 Stunden
Portionen: 4
Zutaten:
- 1 (2 Pfund) halbes Lachsfilet
- 1 Charge Dill Meeresfrüchte-Rub

Wegbeschreibung:
1. Versorgen Sie Ihren Smoker mit Holzpellets und befolgen Sie die spezifische Inbetriebnahmeprozedur des Herstellers. Heizen Sie den Grill bei geschlossenem Deckel auf 180°F vor

2. Würzen Sie den Lachs rundum mit dem Rub. Arbeiten Sie den Rub mit den Händen in das Fleisch ein.
3. Legen Sie den Lachs mit der Hautseite nach unten direkt auf den Grillrost und räuchern Sie ihn, bis seine Innentemperatur 145°F erreicht. Nehmen Sie den Lachs vom Grill und servieren Sie ihn sofort.

Ernährung: Kalorien: 117Gesamtfett: 4,3gCholesterin: 23gKalium: 175mg

27. Cajun Wels

Zubereitungszeit: 15 Minuten
Kochzeit: 15 Minuten
Portionen: 2
Zutaten:
- 2½ Pfund Welsfilets
- 2 Esslöffel Olivenöl
- 1 Charge Cajun-Rub

Wegbeschreibung:
1. 2½ Pfund Welsfilets
2. 2 Esslöffel Olivenöl
3. 1 Charge Cajun-Rub
4. Versorgen Sie Ihren Smoker mit Holzpellets und befolgen Sie die spezifische Inbetriebnahmeprozedur des Herstellers. Heizen Sie den Grill bei geschlossenem Deckel auf 300°F vor.
5. Die Welsfilets rundum mit Olivenöl bestreichen und mit dem Rub würzen. Arbeiten Sie den Rub mit den Händen in das Fleisch ein
6. Legen Sie die Filets direkt auf den Grillrost und räuchern Sie sie, bis ihre Innentemperatur 145°F erreicht. Nehmen Sie den Wels vom Grill und servieren Sie ihn sofort.

Ernährung: Kalorien: 301Kohlenhydrate: 0gFett: 18gProtein: 36g

28. Schurkenlachs-Sandwich

Zubereitungszeit: 5 Minuten
Kochzeit: 5 Minuten
Portionen: 1
Zutaten:
- 1 englischer Muffin, geteilt
- 2 Esslöffel Frischkäse

- 4 Unzen Räucherlachs (ich empfehle heißgeräucherten Lachs, aber jede Handelsmarke funktioniert)
- 2 (1-Unzen) Scheiben Schweizer Käse

Wegbeschreibung:

1. Versorgen Sie Ihren Smoker mit Holzpellets und befolgen Sie die spezifische Inbetriebnahmeprozedur des Herstellers. Heizen Sie den Grill bei geschlossenem Deckel auf 375°F vor.
2. Legen Sie die Muffinhälften mit der Schnittseite nach unten direkt auf den Grillrost und erwärmen Sie sie für 2 Minuten.
3. Nehmen Sie die erwärmten Muffinhälften heraus und bestreichen Sie jede Hälfte mit 1 Esslöffel Frischkäse. Jeweils mit Räucherlachs und dann mit Schweizer Käse belegen.
4. Legen Sie die belegten Muffinhälften auf ein Backblech und legen Sie das Blech auf den Grill. Garen Sie sie ca. 3 Minuten, bis der Käse schmilzt. Nehmen Sie sie vom Grill und servieren Sie sie sofort.

Ernährung: Kalorien: 229,7; Gesamtfett: 9 g; Gesättigtes Fett: 2 g; Protein: 22,4 g; Kohlenhydrate: 13 g; Ballaststoffe: 1,1 g; Zucker: 2,8 g

29. Federfutter Kabeljau

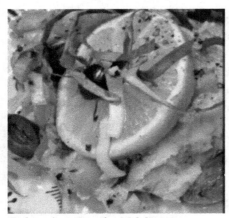

Zubereitungszeit: 20 Minuten
Kochzeit: 30 Minuten
Portionen: 4 bis 5
Zutaten:

- 5-10 Mini-Paprikaschoten
- 2 Pfund frische Lingcodfisch-Filets
- 8 oz. Kirschtomaten

- 1 ganzer Lauch
- 1/2 Tasse Olivenöl
- 4 oz. Kalamata-Oliven
- 1 Zitrone
- 3 frische, gehackte Knoblauchzehen
- 1 Teelöffel frischer Thymian
- 5-10 Blätter frisches Basilikum zum Garnieren
- 2 kleine gelbe Kürbisse
- 1 Teelöffel frischer Dill
- 1 Teelöffel Meersalz
- 1 Teelöffel frisch gemahlener schwarzer Pfeffer

Wegbeschreibung:

1. Nehmen Sie die Kabeljaufilets und bestreichen Sie den ganzen Fisch mit Olivenöl, zusammen mit Salz und Pfeffer, Knoblauch, Kräutern und dem Saft von ½ Zitrone plus Schale
2. Bewahren Sie dies in einer ofenfesten Auflaufform auf
3. Nehmen Sie die restliche ½ Zitrone, schneiden Sie sie in drei Scheiben und legen Sie sie auf das Fischfilet
4. Schneiden Sie das Gemüse in dünne Streifen, schwenken Sie es und geben Sie es über das Filet
5. Räuchern Sie bei 350 Grad F für eine halbe Stunde
6. Mit frischem Basilikum garnieren
7. Servieren

Ernährung: Kalorien: 229,7; Gesamtfett: 9 g; Gesättigtes Fett: 2 g; Protein: 22,4 g; Kohlenhydrate: 13 g; Ballaststoffe: 1,1 g;

30. <u>Fisch-Tacos im Baja-Stil</u>

Zubereitungszeit: 15 Minuten
Kochzeit: 15 Minuten
Portionen: 4
Zutaten:

- 1 lb. Weißer Fisch wie Kabeljau, Seeteufel oder Heilbutt (ohne Haut)
- 2 Limetten
- 2 Teelöffel Senf nach Dijon-Art
- 1/2 Teelöffel Salz
- 1/2 Teelöffel schwarzer Pfeffer, frisch gemahlen
- 1/2 Tasse Pflanzenöl, oder Olivenöl

- 2 Gewürznelken Knoblauch, gehackt
- Je nach Bedarf Traeger Cajun Rub
- 8 Mais-Tortillas
- Zum Servieren zerkleinerter Kohl, gewürfelte rote Zwiebeln, Korianderblätter, eingelegte Jalapeno-Scheiben, gewürfelte Avocado, Pico De Gallo oder Salsa, Sour Cream

Wegbeschreibung:

1. Entsaften Sie eine Limette. Die andere Limette in Spalten schneiden; bis zum Servieren beiseite stellen.
2. Bereiten Sie die Marinade zu: Vermengen Sie in einer kleinen Rührschüssel den Limettensaft, Senf, Salz und Pfeffer. Verquirlen Sie langsam das Öl und rühren Sie dann den Knoblauch ein.
3. Legen Sie den Fisch in einen wiederverschließbaren Plastikbeutel, übergießen Sie ihn mit der Marinade und stellen Sie ihn für maximal 1 Stunde in den Kühlschrank.
4. Wenn Sie bereit sind zu kochen, starten Sie den Traeger-Grill bei geöffnetem Deckel auf Smoke, bis sich das Feuer etabliert hat (4 bis 5 Minuten). Stellen Sie die Temperatur auf 400F (Hoch bei einem 3-Positionen-Regler) und heizen Sie bei geschlossenem Deckel 10 bis 15 Minuten vor.
5. Nehmen Sie den Fisch aus der Marinade und tupfen Sie überschüssige Marinade mit Papiertüchern ab. Auf beiden Seiten großzügig mit Traeger Cajun Rub würzen.
6. Legen Sie den Fisch auf den Grillrost und grillen Sie ihn, bis er undurchsichtig ist und beim Drücken mit einer Gabel leicht zerfällt. (Er muss nicht gewendet werden.) Nehmen Sie ihn auf ein Schneidebrett und schneiden Sie ihn in mundgerechte Stücke. Wärmen Sie in der Zwischenzeit die Tortillas auf dem Traeger auf, bis sie biegsam und heiß sind.
7. Richten Sie den Fisch, die Tortillas und die vorgeschlagenen Beilagen auf einer großen Platte an. Garnieren Sie mit den reservierten Limettenspalten. Sofort servieren.

Ernährung: Kohlenhydrate: 27g Fett: 10g Eiweiß: 13g

31. Gegrillter Penang-Curry-Lachs

Zubereitungszeit: 10 Minuten
Kochzeit: 10 bis 15 Minuten
Portionen: 5

Zutaten:

- Penang Curry Lachs
- 1 (12 Oz) Glas Thai Fusions Penang Curry
- 1 (4-7 lb.) Lachsfilet
- 2 Zweige Thai-Basilikum, grob gehackt
- 1/2 rote Paprika, längs in dünne Scheiben geschnitten
- 1 Limette, in dünne, quer geschnittene Stücke
- Muscheln mit Garnelen (optional)
- 1/2 lb. Garnelen, geschält und entdarmt
- 1/2 Lb. Muscheln de bärtig und gewaschen
- Eine Handvoll Thai-Basilikum, gehackt

Wegbeschreibung:

1. Würzen Sie beide Seiten des Lachses mit Salz und Pfeffer.
2. Pinseln Sie das Lachsfilet mit etwas Rapsöl ein und marinieren Sie es mit einer 1/2 Tasse Thai Fusions Penang Curry in einer flachen Pfanne. Abdecken und bei Raumtemperatur ca. 30 Minuten marinieren.
3. Wenn Sie bereit sind zu kochen, stellen Sie die Temperatur auf Hoch und heizen Sie 15 Minuten lang bei geschlossenem Deckel vor.
4. Pinseln Sie den Grill mit etwas Rapsöl ein, damit der Lachs nicht kleben bleibt. Legen Sie das Lachsfilet direkt auf den Grillrost und bestreichen Sie es mit einer weiteren 1/4 Tasse Thai Fusions Penang Curry und legen Sie die geschnittene rote Paprika und Limettenscheiben darüber.
5. Grillen Sie den Lachs bis zu einer Innentemperatur von 145°F, etwa 10-15 Minuten.
6. Für die Muscheln und Garnelen: Die letzte 1/4 Tasse Penang-Curry in einen Soßentopf geben, Garnelen, Muscheln und Thai-Basilikum hinzufügen, den Soßentopf abdecken und auf dem Traeger fertig grillen. Wenn sich die Muscheln geöffnet haben, vom Grill nehmen und beiseite stellen.
7. Nehmen Sie den Lachs so sanft wie möglich vom Grill und belegen Sie den Lachs mit Muscheln und Garnelen, falls gewünscht. Mit Thai-Basilikum garnieren. Genießen Sie!

Ernährung: Kalorien: 336,7 Natrium: 109,9mg Gesamtfett: 13,1g Gesättigtes Fett: 2g

32. Zitronen-Knoblauch-Räucherlachs

Zubereitungszeit: 5 Minuten
Kochzeit: 10 Minuten
Portionen: 3
Zutaten:

- 6 5 oz. Prime Waters Meeresfrüchte Lachsfilets
- 4 Esslöffel weiche Butter
- 2 Teelöffel Zitronensaft
- 1 Teelöffel Zitronenschale
- 1 Teelöffel Salz
- 1 Teelöffel Pfeffer
- 1 Knoblauchzehe gehackt

Wegbeschreibung:

1. Heizen Sie den Holzpellet-Raucher auf 350 Grad F vor
2. Kombinieren Sie alle Zutaten (außer dem Lachs) in einer Schüssel und mischen Sie sie gut.
3. Geben Sie eine großzügige Menge der Buttermischung auf jedes Lachsfilet und garnieren Sie es nach Wunsch mit Zitronenscheiben
4. Geben Sie jedes Filet auf den Holzpelletgrill und garen Sie es, bis eine Innentemperatur von 125 Grad erreicht ist.
5. Die Filets vom Grill nehmen und mit Alufolie abdecken. Vor dem Servieren 10 Minuten ruhen lassen.
6. Mit Zitronenscheiben und zusätzlichen Gewürzen für die Präsentation garnieren

Ernährung: Kalorien: 117 Gesamtfett: 4.3g Cholesterin: 23mg

33. Geräucherter Tilapia

Zubereitungszeit: 10 Minuten
Kochzeit: 2 Stunden
Portionen: 4
Zutaten:

- 6 Tilapia-Filets
- 3 Esslöffel / 45 ml Pflanzenöl
- 2 Esslöffel / 30 ml frischer Zitronensaft
- 1/2 Teelöffel / 2,5 ml Knoblauchpulver
- 1 Teelöffel / 5 ml koscheres Salz
- 1/2 Teelöffel / 2,5 ml Zitronenpfeffer

Wegbeschreibung:
1. Bereiten Sie den Smoker für eine 2-stündige Räucherung vor.
2. Waschen Sie den Fisch und entfernen Sie alle Gräten. Kombinieren Sie Öl, Zitronensaft, Knoblauchpulver, Salz und Zitronenpfeffer in einer kleinen Schüssel. Bestreichen Sie beide Seiten der Tilapia-Filets mit der Flüssigkeitsmischung.
3. Für 1 1/2 bis 2 Stunden in den Smoker geben.
4. Wenn Sie fertig sind, vom Herd nehmen und servieren.

Ernährung: Kalorien: 280 Fett: 11g Kohlenhydrate: 1g Eiweiß: 45g

34. **Lachs mit Ahornglasur**

Zubereitungszeit: 15 Minuten
Garzeit: 40 bis 60 Minuten
Portionen: 5
Zutaten:
- 1/2 C + 3 Esslöffel Sojasauce
- 1 C Ahornsirup (das echte Zeug)
- Richtig frischer, dicker Lachs, mit Haut (ich bevorzuge Sockeye, der ist allerdings der stärkste der Auswahl. Wenn Sie mit einigen Leuten arbeiten, die Sie zu bekehren hoffen, ist das Zeug aus der Zucht etwas leichter).

Wegbeschreibung:
1. Mischen Sie ein 1/2 C Soja mit einem 1/2 C Ahornsirup in einer Schüssel, die groß genug ist, dass der Lachs flach hineinpasst, aber nicht so tief, dass die Haut bedeckt ist.
2. Stellen Sie es in den Kühlschrank. Dies ist kein Fleisch, bei dem "länger ist besser" mariniert werden muss. 15 Minuten pro Zoll sollten also ausreichen, mit insgesamt mindestens 30 Minuten, unabhängig von der Größe. (Für 2 Zoll sind 45-60 Minuten ein sicheres Zeitfenster.)
3. Stellen Sie den Grill auf 400 Grad F ein und ölen Sie den Rost leicht ein, so dass der Fisch mit der Fleischseite nach unten aufliegt.
4. Erhitzen Sie 1/2 C Ahornsirup und 3 EL Sojasauce in einer Bratpfanne (nicht gusseisern und nicht antihaftbeschichtet), bis die Glasur etwas eindickt. Hinweis: Sie können sich hier auch etwas austoben. Brauner Zucker, Honig, Senf und Kirschsaft können alle für gute Aromen gemischt werden. Auch das Hinzufügen von etwas Gewürz kann dieses Gericht verändern.

5. Pinseln Sie den Lachs mit der Glasur und legen Sie ihn mit der Fleischseite nach unten auf den heißen Grill und schließen Sie den Deckel.
6. Wenden Sie den Fisch nach ein paar Minuten. Wenn er zum Wenden bereit ist (und Sie Ihre Grillroste geölt haben), sollte er nicht kleben bleiben.
7. Garen Sie den Lachs, bis die Innentemperatur 140 Grad F erreicht. Weniger ist in Ordnung, mehr ist okay, aber verstehen Sie, dass ein wenig blutig bei frischem Lachs nie schadet, aber ein wenig zu viel zerstört die Mahlzeit.

Ernährung: Kalorien: 280 Fett: 11g Kohlenhydrate: 1g Eiweiß: 45g

35. <u>Holzkohle gegrillter Streifenbarsch</u>

Zubereitungszeit: 10 Minuten
Kochzeit: 30 Minuten
Portionen: 4
Zutaten:

- 1 (3 bis 4 Pfund) Streifenbarsch, ausgenommen
- Salz und frisch gemahlener schwarzer Pfeffer
- 1 Knoblauchzehe, geschält
- 1 großer Zweig frischer Rosmarin
- 1 Lorbeerblatt
- Öl
- ¼ Pfund (1 Stick) Butter, geschmolzen und heiß gehalten
- ¼ Tasse gehackte frische Petersilie
- Zitronenspalten

Wegbeschreibung:

1. Bereiten Sie ein Holzkohlefeuer vor. Wenn sich weiße Asche auf den Kohlen bildet, sind sie fertig.
2. Bereiten Sie in der Zwischenzeit den Fisch vor. Reiben Sie ihn innen und außen mit Salz und Pfeffer ein.
3. Knoblauchzehe in Scheiben schneiden.
4. Machen Sie mit einem scharfen Schälmesser ein paar kleine Einschnitte entlang des Rückgrats des Fisches.
5. Legen Sie die Knoblauchzehen ein.
6. Rosmarinzweig und Lorbeerblatt in die Fischhöhle legen. Fisch an zwei oder drei Stellen mit Schnur festbinden, um die Höhle zu sichern. Fisch rundum großzügig mit Öl einreiben. Fisch auf den

heißen Grill legen und 10 bis 15 Minuten auf einer Seite garen, dabei gelegentlich mit Butter bestreichen.

7. Lösen Sie den Fisch mit einem Pfannenwender oder Spatel oder beidem vom Grill und wenden Sie ihn auf die andere Seite.

8. Garen Sie den Fisch auf dieser Seite 10 bis 15 Minuten oder bis er gar ist und das Fleisch bei der Prüfung mit einer Gabel leicht abblättert. Die Garzeit hängt von der Größe des Fisches, der Intensität der Hitze und der Nähe des Fisches zur Glut ab.

9. Fisch auf eine heiße Platte geben und mit der restlichen Butter übergießen. Mit Petersilie bestreuen und mit Zitronenspalten garnieren.

Ernährung: Kalorien: 130 Kohlenhydrate: 5 g Eiweiß: 79 g Natrium: 45 mg Cholesterin: 19 mg

36. Fisch nach griechischer Art mit marinierten Tomaten

Zubereitungszeit: 10 Minuten
Kochzeit: 45 Minuten
Portionen: 4
Zutaten:

- 2 Tassen Ihrer bevorzugten Sun Gold-Kirschtomaten, halbiert
- 4 Esslöffel Olivenöl, oder mehr nach Bedarf
- 2 Esslöffel Weißweinessig
- 1 Esslöffel gehackte frische Peperoni, z. B. Jalapeño, oder mehr nach Geschmack
- 1 frischer Oregano-Kocher oder 1 Kaffeekocher
- 4 Knoblauchzehen, in Scheiben geschnitten oder mehr nach Geschmack
- Salz und frisch gemahlener schwarzer Pfeffer
- 1 großer ganzer Fisch oder 2 kleine Fische (insgesamt 2 bis 3 Pfund), z. B. gestreifter Wolfsbarsch, Rotbarsch oder Forelle; vorzugsweise Butter und grätenfrei, oder einfach geleerte Zitrone in Nudeln geschnitten
- 4 bis 6 Zweige frischen Thymians

Wegbeschreibung:

1. Bereiten Sie den Grill vor; die Hitze sollte mittel bis hoch sein und etwa 4 Zoll vom Feuer entfernt.

2. Tomaten, 2 Esslöffel Olivenöl, Essig, pürierte Bohnen, Oregano, gedünstete Knoblauchscheiben und eine Prise Salz und Pfeffer in einer Schüssel vermengen und 30 Minuten bei Zimmertemperatur ziehen lassen.
3. Dann machen Sie eine scharfe Klinge aus drei oder vier parallelen Stäben auf jeder Seite des Fisches, ungefähr am Boden. Bestreuen Sie das Innere des Fisches mit Salz.
4. Auch Pfeffer, zu der Zeit, gefüllt mit Knoblauch Rückstand, eine Schicht von Zitronenscheiben und Thymianzweige. Auf der Außenseite, Mantel der Fisch mit den restlichen 2 Esslöffel Öl und mit Salz und Pfeffer bestreuen.
5. Backen, bis sie fest genug zum Drehen sind, 5 bis 8 Minuten. Wenden und die andere Seite 5 bis 8 Minuten garen. Der Fisch ist gar, wenn er außen kalt ist und sich das Paddel leicht durch das Fleisch ziehen lässt.
6. Probieren Sie die Tomatenmischung und ändern Sie die Würze, einschließlich mehr Öl, wenn nötig. Servieren Sie den Fisch garniert mit Tomaten und deren Flüssigkeit.

Ernährung: Kalorien: 130 Kohlenhydrate: 5 g Eiweiß: 79 g Natrium: 45 mg Cholesterin: 19 mg

37. <u>Gegrillter Fisch mit Aromaten</u>

Zubereitungszeit: 10 Minuten
Kochzeit: 50 Minuten
Portionen: 4
Zutaten:

- 4 (1 Kilogramm) gesalzener Guide, Kabeljau oder Snack oder 1 (4 bis 5 Kilogramm) Lachs,
- kopfüber gereinigt
- Pflanzliches Öl zum Backen, Schöpfen und Backen.
- 6 Esslöffel natives Olivenöl extra
- 20 geschälte Knoblauchzehen
- 12 Zweige frischer Thymian
- 12 Zweige frischer Rosmarin
- 2 Lorbeerblätter
- Koscheres oder grobes Meersalz und frisch gemahlener schwarzer Pfeffer zum Abschmecken

Wegbeschreibung:

1. Spülen Sie den Fisch ab und trocknen Sie ihn. Schneiden Sie 3 oder 4 flache Schnitte durch die Haut des Fisches,
2. Sie kann sich während des Kochens ausdehnen. Kühlen Sie es bis zur Fertigstellung ab.
3. Zünden Sie ein Feuer auf dem Außengrill an.
4. Heizen Sie den Ofen auf 300 Grad vor.
5. Wenn die Kohlen leuchtend rot und gleichmäßig mit Asche bestäubt sind, grillen und 2 bis 3 Minuten lang warm werden lassen. Grillen Sie gut mit Pflanzenöl und Papiertüchern. Achten Sie darauf, nicht so viel Öl zu verwenden, dass es auf die Kohlen tropft und diese in Flammen setzt.
6. Legen Sie den Fisch so auf den Grill, dass die Schritte darunter senkrecht verlaufen. Garen Sie den Fisch, bis er goldene Grillspuren hat, etwa 3 Minuten auf jeder Seite. Pinseln Sie das Pflanzenöl mit einem Metallspatel leicht in eine oder zwei gefettete Auflaufformen, je nach der Menge des zubereiteten Fischs.
7. Legen Sie sie in den Ofen und backen Sie sie, bis sie undurchsichtig sind; das dauert etwa 12 Minuten für kleine Fische, 20 bis 25 Minuten für große Fische.
8. Etwa 10 Minuten vor Ende der Garzeit den Fisch mit 6 Esslöffeln Olivenöl in eine Backform geben und im Ofen leicht erwärmen.
9. Bringen Sie bei starker Hitze 2 Tassen Wasser am Boden des Dampfes zum Kochen. Die Knoblauchzehen hineingeben, abdecken und köcheln lassen, bis sie fast weich sind, etwa 8 Minuten.
10. Die restlichen Kräuter in einer gleichmäßigen Schicht in den Dampfgarer geben, abdecken und 3 Minuten weitergaren.
11. Zum Servieren gießen Sie gleiche Mengen Olivenöl in die Mitte von heißen Tellern. Wenn Sie kleine Fische verwenden, legen Sie sie im Ganzen über das Öl. Wenn Sie große Fische, wie z. B. Lachs, verwenden, entfernen Sie die Filets und legen Sie die gleich großen Filets in das Öl.
12. Mit kräftigem Salz und Pfeffer abschmecken.
13. Geben Sie die gekochten Kräuter und den Knoblauch auf eine Seite des Tellers und servieren Sie sie sofort.

Ernährung: Kalorien: 130 Kohlenhydrate: 5 g Eiweiß: 79 g Natrium: 45 mg Cholesterin: 19 mg

38. Gebackener frischer Wildlachs (Sockeye)

Zubereitungszeit: 10 Minuten
Kochzeit: 40 Minuten
Portionen: 4
Zutaten:

- 2 frische Wildlachsfilets, mit Haut
- 2 Teelöffel Meeresfrüchtegewürz
- ¾ Teelöffel Old Bay Gewürz

Wegbeschreibung:

1. Spülen Sie die Lachsfilets mit kaltem Wasser ab und tupfen Sie sie mit einem Papiertuch trocken.
2. Bestäuben Sie die Filets zart mit den Gewürzen.
3. Auf dem Holzpellet-Smoker-Grill
4. Richten Sie den Holzpellet-Smoker-Grill für ein nicht direktes Garen ein und heizen Sie ihn unter Verwendung von Pellets auf 400°F vor.
5. Legen Sie den Lachs mit der Hautseite nach unten auf ein teflonbeschichtetes Fiberglasgeflecht oder direkt auf die Grillroste.
6. Backen Sie den Lachs für 15/20 Minuten, bis die Innentemperatur 140°F erreicht und zusätzlich die Substanz mit einer Gabel gut zerteilt ist.
7. Lassen Sie den Lachs vor dem Servieren 5-6 Minuten ruhen.

Anmerkungen: Dieses Rezept funktioniert ähnlich gut mit Chinook (Lineal), Coho (Silber), Pink (Buckel) oder gezüchtetem Atlantiklachs. Lachs trocknet beim Backen im Allgemeinen effektiv aus, backen Sie ihn also mit der Hautseite nach unten, um die Feuchtigkeit zu halten.
Ernährung: Kalorien: 322 Kohlenhydrate: 2g Fett: 24g Eiweiß: 24g

39. Creole Wild Pazifischer Felsenfisch

Zubereitungszeit: 10 Minuten
Kochzeit: 1 Stunde
Portionen: 4
Zutaten:

- 4 bis 8 (4 bis 7 Unzen) frische, wilde pazifische Steinfischfilets
- 3 Teelöffel geröstetes, mit Knoblauch gewürztes Olivenöl extra vergine

- 2 Esslöffel Creole Seafood Seasoning oder ein beliebiges kreolisches Gewürz

Wegbeschreibung:

1. Reiben Sie die beiden Seiten der Filets mit dem Olivenöl ein.
2. Bestreichen Sie die beiden Seiten mit der Würze.
3. Auf dem Holzpellet-Smoker-Grill
4. Legen Sie den Holzpellet-Räuchergrill für ein nicht direktes Garen aus und heizen Sie ihn mit Birkenpellets auf 225°F vor.
5. Legen Sie die Filets auf eine teflonbeschichtete Glasfasermatte, damit sie nicht an den Grillrosten haften bleiben.
6. Räuchern Sie die Filets etwa anderthalb Stunden lang, bis sie eine Innentemperatur von 140°F erreicht haben oder das Fleisch mit einer Gabel leicht zerfällt.

Ernährung: Kalorien: 322 Kohlenhydrate: 2g Fett: 24g Eiweiß: 24g

ABENDESSEN

40. Geräuchertes Lammkarree

Zubereitungszeit: 10 Minuten
Zubereitungszeit: 1 Stunde und 15 Minuten
Portionen: 4
Zutaten:
- 1 Lammrippe, Membran entfernt

Für die Marinade:
- 1 Zitrone, entsaftet
- 2 Teelöffel gehackter Knoblauch
- 1 Teelöffel Salz
- 1 Teelöffel gemahlener schwarzer Pfeffer
- 1 Teelöffel getrockneter Thymian
- ¼ Tasse Balsamico-Essig
- 1 Teelöffel getrocknetes Basilikum

Für die Glasur:
- 2 Esslöffel Sojasauce
- ¼ Tasse Dijon-Senf
- 2 Esslöffel Worcestershire-Sauce
- ¼ Tasse Rotwein

Wegbeschreibung:
1. Bereiten Sie die Marinade vor. Nehmen Sie dazu eine kleine Schüssel, geben Sie alle Zutaten hinein und verquirlen Sie sie.
2. Legen Sie das Lammkarree in einen großen Plastikbeutel, gießen Sie die Marinade hinein, verschließen Sie den Beutel, drehen Sie ihn auf den Kopf, um das Lamm mit der Marinade zu überziehen und lassen Sie es mindestens 8 Stunden im Kühlschrank marinieren.
3. Wenn Sie bereit sind zu kochen, schalten Sie den Pelletgrill ein, füllen Sie den Grilltrichter mit aromatisierten Holzpellets, schalten Sie den Grill über das Bedienfeld ein, wählen Sie "Rauch" auf dem Temperaturregler oder stellen Sie die Temperatur auf 300 Grad F und lassen Sie ihn mindestens 5 Minuten lang vorheizen.

4. Bereiten Sie in der Zwischenzeit die Glasur zu. Nehmen Sie dafür eine kleine Schüssel, geben Sie alle Zutaten hinein und verquirlen Sie sie.
5. Wenn der Grill vorgeheizt ist, öffnen Sie den Deckel, legen Sie den Lammrücken auf den Grillrost, schließen Sie den Grill und rauchen Sie ihn 15 Minuten lang.
6. Mit der Glasur bepinseln, das Lamm umdrehen und dann 1 Stunde und 15 Minuten weiterräuchern, bis die Innentemperatur 145 Grad F erreicht, dabei alle 30 Minuten mit der Glasur begießen.
7. Wenn das Lammkarree fertig ist, übertragen Sie es auf ein Schneidebrett, lassen es 15 Minuten ruhen, schneiden es in Scheiben und servieren es dann.

Ernährung: Kalorien: 323 Kal Fett: 18 g Kohlenhydrate: 13 g Eiweiß: 25 g Ballaststoffe: 1 g

41. **Rosemary Lamb**

Zubereitungszeit: 10 Minuten
Kochzeit: 3 Stunden
Portionen: 2

Zutaten:
- 1 Lammrippe, Membran entfernt
- 12 Babykartoffeln
- 1 Bund Spargel, Enden abgeschnitten
- Gemahlener schwarzer Pfeffer, nach Bedarf
- Salz, je nach Bedarf
- 1 Teelöffel getrockneter Rosmarin
- 2 Esslöffel Olivenöl
- 1/2 Tasse Butter, ungesalzen

Wegbeschreibung:
1. Schalten Sie den Pelletgrill ein, füllen Sie den Grilltrichter mit aromatisierten Holzpellets, schalten Sie den Grill über das Bedienfeld ein, wählen Sie "Rauch" auf dem Temperaturregler oder stellen Sie die Temperatur auf 225 Grad F ein und lassen Sie ihn mindestens 5 Minuten lang vorheizen.
2. In der Zwischenzeit die Lammrippen von beiden Seiten mit Öl beträufeln und dann mit Rosmarin bestreuen.

3. Nehmen Sie eine tiefe Auflaufform, legen Sie die Kartoffeln hinein, geben Sie die Butter dazu und mischen Sie sie, bis sie bedeckt sind.

4. Wenn der Grill vorgeheizt ist, öffnen Sie den Deckel, legen Sie die Lammrippen zusammen mit den Kartoffeln in der Auflaufform auf den Grillrost, schließen Sie den Grill und räuchern Sie 3 Stunden lang, bis die Innentemperatur 145 Grad F erreicht.

5. Geben Sie in den letzten 20 Minuten den Spargel in die Auflaufform. Wenn er gar ist, nehmen Sie die Auflaufform vom Grill und legen Sie das Lamm auf ein Schneidebrett.

6. Lassen Sie das Lamm 15 Minuten ruhen, schneiden Sie es in Scheiben und servieren Sie es dann mit Kartoffeln und Spargel.

Ernährung: Kalorien: 355 Kal Fett: 12,5 g Kohlenhydrate: 25 g Eiweiß: 35 g Ballaststoffe: 6 g

42. **Lammkoteletts mit Rosmarin und Olivenöl**

Zubereitungszeit: 10 Minuten
Kochzeit: 50 Minuten
Portionen: 4
Zutaten:

- 12 Lammkoteletts, Fett abgetrennt
- 1 Esslöffel gehackte Rosmarinblätter
- Salz nach Bedarf zum Trockenpökeln
- Jeffs Original-Reibung nach Bedarf
- ¼ Tasse Olivenöl

Wegbeschreibung:

1. Nehmen Sie ein Backblech, legen Sie die Lammkoteletts darauf, bestreuen Sie sie mit Salz und stellen Sie sie dann für 2 Stunden in den Kühlschrank.

2. Nehmen Sie in der Zwischenzeit eine kleine Schüssel, geben Sie Rosmarinblätter hinein, rühren Sie das Öl ein und lassen Sie die Mischung 1 Stunde lang stehen.

3. Wenn Sie bereit sind zu kochen, schalten Sie den Pelletgrill ein, füllen Sie den Grilltrichter mit Holzpellets mit Apfelgeschmack, schalten Sie den Grill über das Bedienfeld ein, wählen Sie "Rauch" auf dem Temperaturregler oder stellen Sie die Temperatur auf 225 Grad F und lassen Sie ihn mindestens 5 Minuten lang vorheizen.

4. In der Zwischenzeit die Lammkoteletts von allen Seiten mit der Rosmarin-Öl-Mischung bestreichen und dann mit Jeffs Original-Rub bestreuen.

5. Wenn der Grill vorgeheizt ist, öffnen Sie den Deckel, legen Sie die Lammkoteletts auf den Grillrost, schließen Sie den Grill und rauchen Sie 50 Minuten lang, bis die Innentemperatur der Lammkoteletts 138 Grad F erreicht.

6. Wenn sie fertig sind, wickeln Sie die Lammkoteletts in Folie ein, lassen sie 7 Minuten ruhen und servieren sie dann.

Ernährung: Kalorien: 171,5 Kal Fett: 7,8 g Kohlenhydrate: 0,4 g Eiweiß: 23,2 g Ballaststoffe: 0,1 g

43. Lammkeule ohne Knochen

Zubereitungszeit: 10 Minuten
Kochzeit: 4 Stunden
Portionen: 4
Zutaten:
- 2 1/2 Pfund Lammkeule, ohne Knochen, Fett abgetrennt

Für die Marinade:
- 2 Teelöffel gehackter Knoblauch
- 1 Esslöffel gemahlener schwarzer Pfeffer
- 2 Esslöffel Salz
- 1 Teelöffel Thymian
- 2 Esslöffel Oregano
- 2 Esslöffel Olivenöl

Wegbeschreibung:
1. Nehmen Sie eine kleine Schüssel, geben Sie alle Zutaten für die Marinade hinein und rühren Sie um, bis sie sich verbunden haben.

2. Lammfleisch von allen Seiten mit der Marinade einreiben, dann in ein großes Tuch legen, mit einer Plastikfolie abdecken und mindestens 1 Stunde im Kühlschrank marinieren.

3. Wenn Sie bereit sind zu kochen, schalten Sie den Pelletgrill ein, füllen Sie den Grilltrichter mit Holzpellets mit Apfelgeschmack, schalten Sie den Grill über das Bedienfeld ein, wählen Sie "Rauch" auf dem Temperaturregler oder stellen Sie die Temperatur auf 250 Grad F und lassen Sie ihn mindestens 5 Minuten lang vorheizen.

4. Inzwischen,

5. Wenn der Grill vorgeheizt ist, öffnen Sie den Deckel, legen Sie das Lamm auf den Grillrost und schließen Sie den Grill und räuchern Sie es 4 Stunden lang, bis die Innentemperatur 145 Grad F erreicht.

6. Wenn das Lamm fertig ist, übertragen Sie es auf ein Schneidebrett, lassen Sie es 10 Minuten stehen, dann schneiden Sie es in Scheiben und servieren es.

Ernährung: Kalorien: 213 Kal Fett: 9 g Kohlenhydrate: 1 g Eiweiß: 29 g Ballaststoffe: 0 g

44. Gegrillte Forelle in Weißwein-Petersilien-Marinade

Zubereitungszeit: 20 Minuten
Kochzeit: 45 Minuten
Portionen: 4
Zutaten:

- 1/4 Tasse Olivenöl
- 1 Zitrone Saft
- 1/2 Tasse Weißwein
- 2 Zehen Knoblauch gehackt
- 2 Esslöffel frische Petersilie, fein gehackt
- 1 Teelöffel frisches Basilikum, fein gehackt
- Salz und frisch gemahlener schwarzer Pfeffer zum Abschmecken
- 4 Forellenfische, geputzt
- Zitronenscheiben zum Garnieren

Wegbeschreibung:

1. Rühren Sie in einem großen Behälter Olivenöl, Zitronensaft, Wein, Knoblauch, Petersilie, Basilikum und Salz und frisch gemahlenen schwarzen Pfeffer nach Geschmack.

2. Tauchen Sie den Fisch in die Sauce und schwenken Sie ihn, um ihn gut zu kombinieren.
3. Abdecken und über Nacht im Kühlschrank marinieren.
4. Wenn Sie bereit sind zu kochen, starten Sie den Pelletgrill bei geöffnetem Deckel für 4 bis 5 Minuten auf Smoke. Stellen Sie die Temperatur auf 400 °F und heizen Sie bei geschlossenem Deckel 10 bis 15 Minuten vor.
5. Den Fisch aus der Marinade nehmen und auf Küchenpapier trocken tupfen; Marinade aufbewahren.
6. Grillen Sie die Forelle 5 Minuten von beiden Seiten (achten Sie darauf, dass der Fisch nicht überkocht).
7. Fisch mit Marinade übergießen und heiß mit Zitronenscheiben servieren.

Ernährung: Kalorien: 267 Fett: 18g Kohlenhydrate: 3g Eiweiß: 16g

45. Gegrillte Lachssteaks mit Koriander-Joghurt-Sauce

Zubereitungszeit: 10 Minuten
Kochzeit: 10 Minuten
Portionen: 4
Zutaten:
- Pflanzenöl (für den Grill)
- 2 Serrano-Chilis
- 2 Knoblauchzehen
- 1 Tasse Korianderblätter
- ½ Tasse griechischer Vollmilchjoghurt
- 1 Esslöffel natives Olivenöl extra

- 1 Teelöffel Honig
- Koscheres Salz
- 2 12oz Lachssteaks mit Knochen

Wegbeschreibung:
1. Stellen Sie den Grill auf mittelhohe Hitze ein, dann ölen Sie den Rost.
2. Entfernen Sie die Kerne einer Chilischote und entsorgen Sie sie. Mischen Sie die beiden Chilis, den Knoblauch, den Koriander, den Joghurt, das Öl, den Nektar und ¼ Tasse Wasser in einem Mixer, bis die Masse glatt ist, und würzen Sie sie dann mit Salz.
3. Geben Sie die Hälfte der Sauce in eine kleine Schüssel und stellen Sie sie beiseite. Würzen Sie die Lachssteaks mit Salz.
4. Grillen Sie es unter mehrmaligem Wenden, bis es beginnt, dunkel zu werden, etwa 4 Minuten.
5. Unter häufigem Wenden weitergrillen und mit restlicher Sauce mindestens 4 Minuten länger würzen.

Ernährung: Kalorien: 290 Fett: 14g Cholesterin: 80g Kohlenhydrate: 1g Eiweiß: 38g

46. Südwestlicher Felchen

Zubereitungszeit: 10-15 Minuten
Kochzeit: 2 Stunde
Portionieren: 4
Zutaten:
- 2 Pfund Weißfisch, roh
- 1 Esslöffel Paprika
- 1 Esslöffel Knoblauchpulver
- 1 Esslöffel Zwiebelpulver
- ½ Teelöffel Kreuzkümmel
- Salz und Pfeffer nach Geschmack
- Frische Zitrone, entsaftet
- Frischer Koriander, gehackt

Wegbeschreibung:

1. Nehmen Sie Ihre Auffangschale und geben Sie Wasser hinein, decken Sie sie mit Alufolie ab. Heizen Sie Ihren Smoker auf 200 Grad F auf niedriger Hitze vor
2. Verwenden Sie Wasser, füllen Sie die Wasserwanne bis zur Hälfte und stellen Sie sie über die Auffangwanne. Geben Sie Holzspäne in die Seitenschale.
3. Filets mit Olivenöl bepinseln
4. Nehmen Sie eine Schüssel und fügen Sie Paprika, Kreuzkümmel, Zwiebelpulver, Knoblauchpulver, Salz, Pfeffer hinzu, mischen Sie gut
5. Reiben Sie die Mischung über den ganzen Fisch
6. Filets mit mehr Olivenöl besprühen, gewürzte Filets auf das Räuchergestell legen und 2 Stunden räuchern
7. Mit frischem Zitronensaft und gehacktem Koriander garnieren
8. Viel Spaß!

Ernährung: Kalorien: 142 Fett: 2g Kohlenhydrate: 0g Eiweiß: 30g

47. <u>Voll auf Forelle</u>

Zubereitungszeit: 10-15 Minuten + 6 Stunden
Kochzeit: 3 Stunden
Portionieren: 4
Inhaltsstoffe
- 4 Forellenfilets
- 1 Tasse weißer Kochwein
- ¼ Tasse Sojasauce
- ¼ Tasse Zitronensaft

Wegbeschreibung:
1. Nehmen Sie Ihre Tropfschale und fügen Sie Wasser hinzu, decken Sie sie mit Alufolie ab. Heizen Sie Ihren Smoker auf 150 Grad F vor
2. Nehmen Sie eine kleine Schüssel und fügen Sie die aufgelisteten Zutaten (außer Forelle) hinzu und mischen Sie sie gut
3. Forellenfilets auf einen Teller legen und mit Marinade übergießen, gut durchmischen, damit die Filets mit Marinade bedeckt sind
4. 6 Stunden ruhen lassen
5. Geben Sie die marinierten Forellenfilets auf Ihr Räuchertablett und lassen Sie sie 30 Minuten ruhen

6. Verwenden Sie Wasser, füllen Sie die Wasserwanne bis zur Hälfte und stellen Sie sie über die Auffangwanne. Geben Sie Holzspäne in die Seitenschale.
7. Legen Sie den Fisch in Ihren Smoker und räuchern Sie ihn 3 Stunden lang, nehmen Sie die Forelle heraus und servieren Sie sie
8. Viel Spaß!

Ernährung: Kalorien: 382 Fett: 16g Kohlenhydrate: 24g Eiweiß: 63g

48. Zitronen-Pfeffer-Thunfisch

Zubereitungszeit: 10-15 Minuten + 4 Stunden
Kochzeit: 1 Stunde
Portionieren: 4
Zutaten:

- 6 Unzen Thunfischsteaks, 1 Zoll dick
- 3 Esslöffel Salz
- 3 Esslöffel brauner Zucker
- ¼ Tasse natives Olivenöl extra
- Zitronenpfeffer-Gewürz
- 1 Teelöffel gemahlener Knoblauch
- 12 dünne Scheiben, frische Zitrone
- Wasser

Wegbeschreibung:

1. Nehmen Sie Ihre Tropfschale und fügen Sie Wasser hinzu, decken Sie sie mit Alufolie ab. Heizen Sie Ihren Smoker auf 145 Grad F vor
2. Thunfischsteaks auf einen Teller legen und mit Salz und Zucker würzen, gewürzte Steaks in eine verschlossene Packung geben und 4 Stunden kühl stellen.
3. Verwenden Sie Wasser, füllen Sie die Wasserwanne bis zur Hälfte und stellen Sie sie über die Auffangwanne. Geben Sie Holzspäne in die Seitenschale.
4. Thunfischsteaks auf einen Teller legen und die Lake abtrocknen, beidseitig mit Olivenöl, Knoblauchpulver, Zitronenpfeffergewürz würzen
5. Steaks auf das Räuchergestell legen und 2 Zitronenscheiben darauf legen, das Gestell in den Smoker stellen und 1 Stunde räuchern
6. Prüfen Sie, ob die Steaks eine Innentemperatur von 154 Grad F haben

7. Geräuchertes Steak auf ein Schneidebrett legen und ruhen lassen, in Scheiben schneiden und mit Limettenspalten und Avocadoscheiben würzen
8. Viel Spaß!

Ernährung: Kalorien: 235 Fett: 28g Kohlenhydrate: 34g Eiweiß: 32g

49. Ananas-Ahorn-Glasur Fisch

Zubereitungszeit: 10 Minuten
Kochzeit: 15 Minuten
Portionen: 6 Portionen
Zutaten:
- 3 Pfund frischer Lachs
- 1/4 Tasse Ahornsirup
- 1/2 Tasse Ananassaft
- Sole Zutaten
- 3 Tassen Wasser
- Meersalz, nach Geschmack
- 2 Tassen Ananassaft
- ½ Tasse brauner Zucker
- 5 Esslöffel Worcestershire-Sauce
- 1 Esslöffel Knoblauchsalz

Wegbeschreibung:
1. Kombinieren Sie alle Zutaten für die Salzlake in einem großen Kochtopf.
2. Legen Sie den Fisch in die Salzlake und lassen Sie ihn 2 Stunden lang marinieren.
3. Nach 2 Stunden den Fisch herausnehmen und mit einem Papiertuch trocken tupfen und beiseite stellen.
4. Heizen Sie den Smoker-Grill auf 250 Grad Fahrenheit vor, bis der Rauch zu steigen beginnt.
5. Legen Sie den Lachs auf den Grill und garen Sie ihn 15 Minuten lang.
6. In der Zwischenzeit Ananas und Ahornsirup in einer Schüssel mischen und den Fisch alle 5 Minuten damit begießen.
7. Sobald der Lachs gar ist, servieren und genießen.

Ernährung: Kalorien 123 Gesamtfett 4,9g6 % Gesättigtes Fett 1,5g8 % Cholesterin 60mg20 % Natrium 29mg1 %
Kohlenhydrate gesamt 0g0 % Ballaststoffe 0g0 % Zucker 0g

50. Geräucherter Wels Rezept

Zubereitungszeit: 10 Minuten
Kochzeit: 5 Minuten
Portionen: 3 Portionen
Zutaten:
Zutaten für den Rub
- 2 Esslöffel Paprika
- 1/4 Teelöffel Salz
- 1 Esslöffel Knoblauchpulver
- 1 Esslöffel Zwiebelpulver
- 1/2 Esslöffel getrockneter Thymian
- 1/2 Esslöffel Cayennepfeffer

Andere Inhaltsstoffe
- 2 Pfund frische Welsfilets
- 4 Esslöffel Butter, weich

Wegbeschreibung:
1. Nehmen Sie eine Rührschüssel und vermengen Sie darin alle Rub-Zutaten, einschließlich Paprika, Salz, Knoblauchpulver, Zwiebelpulver sowie Thymian- und Cayennepapier.
2. Reiben Sie das Filet mit der Butter ein und bestreuen Sie es anschließend großzügig mit dem Rub
3. Den Fisch gut mit dem Rub bestreichen.
4. Heizen Sie den Smoker-Grill bei 200 Grad Fahrenheit für 15 Minuten vor.
5. Garen Sie den Fisch auf dem Grill für 10 Minuten, 5 Minuten pro Seite.
6. Danach servieren und genießen.

Ernährung: Kalorien 146 - Gesamtfett 4,2g - Gesättigtes Fett 2,5g - Cholesterin 61mg
Natrium 28mg

51. Cajun Geräucherte Garnele

Zubereitungszeit: 10 Minuten
Kochzeit: 10 Minuten
Portionen: 2 Portionen
Zutaten:
- 2 Esslöffel natives Olivenöl

- 1/2 Zitrone, entsaftet
- 3 Knoblauchzehen, fein gehackt
- 2 Esslöffel Cajun-Gewürz
- Salz, nach Geschmack
- 1,5 Pfund Garnelen, roh, geschält, entdarmt

Wegbeschreibung:
1. Nehmen Sie einen Zip-Lock-Beutel und kombinieren Sie Olivenöl, Zitronensaft, Knoblauchzehen, Cajun-Gewürz, Salz und Garnelen.
2. Schwenken Sie die Zutaten gut durch, um eine feine Beschichtung zu erhalten.
3. Heizen Sie den Smoker-Grill für 10 Minuten vor, bis sich Rauch bildet.
4. Legen Sie den Fisch auf den Grillrost und schließen Sie den Deckel.
5. Drehen Sie die Temperatur auf hoch und lassen Sie den Fisch 10 Minuten lang garen, 5 Minuten pro Seite.
6. Sobald dies geschehen ist, servieren.

Ernährung: Kalorien 446 Gesamtfett 4,8 g Gesättigtes Fett 6,5 g Cholesterin 53 mg Natrium 48 mg

52. Kandierter Räucherlachs mit Orangen-Ingwer-Rub

Zubereitungszeit: 10 Minuten
Kochzeit: 2 Stunden 10 Minuten
Portionen: 10 Portionen
Zutaten:
Die Marinade
- Brauner Zucker - ¼ Tasse
- Salz - ½ Teelöffel

Der Reib
- Gehackter Knoblauch - 2 Esslöffel
- Geriebener frischer Ingwer - 1 Teelöffel
- Geriebene Orangenschale - ½ Teelöffel
- Chilipulver - ½ Teelöffel
- Cayennepfeffer - ½ Teelöffel

Die Glasur
- Rotwein - 2 Esslöffel

- Dunkler Rum - 2 Esslöffel
- Brauner Zucker - 1 ½ Tassen
- Honig - 1 Tasse

Wegbeschreibung:
1. Mischen Sie Salz mit braunem Zucker und bestreichen Sie das Lachsfilet damit. Lassen Sie es etwa eine Stunde lang ruhen oder bis der Zucker geschmolzen ist.
2. Kombinieren Sie in der Zwischenzeit den gehackten Knoblauch mit geriebenem frischem Ingwer, Orangenschale, Chilipulver und Cayennepfeffer. Gut mischen.
3. Reiben Sie das Lachsfilet mit der Gewürzmischung ein und legen Sie es beiseite.
4. Schließen Sie den Holzpellet-Smoker an und füllen Sie dann den Vorratsbehälter mit den Holzpellets. Schalten Sie den Schalter ein.
5. Stellen Sie den Holzpellet-Smoker auf indirekte Hitze ein und regeln Sie die Temperatur auf 225°F (107°C).
6. Legen Sie den gewürzten Lachs in den Holzpellet-Smoker und räuchern Sie ihn 2 Stunden lang.
7. Mischen Sie Rotwein mit dunklem Rum, braunem Zucker und Honig und rühren Sie, bis er sich aufgelöst hat.
8. Während des Räucherns mehrmals mit der Honigmischung über das Lachsfilet gießen.
9. Sobald der Räucherlachs flockig ist, nehmen Sie ihn aus dem Holzpellet-Räucherofen und geben ihn auf eine Servierplatte.
10. Servieren und genießen.

Ernährung: Kalorien: 433 Fette: 39g Kohlenhydrate: 4g Ballaststoffe: 0g

53. Saftiger Limetten-Rauch-Thunfischbauch

Zubereitungszeit: 10 Minuten
Kochzeit: 2 Stunden 10 Minuten
Portionen: 10 Portionen
Zutaten:
- Thunfischbauch (1,4 kg, 3 lb.)

Die Marinade
- Frische Limetten - 2

- Weißer Zucker - 2 Esslöffel
- Brauner Zucker - 3 Esslöffel
- Pfeffer - ½ Teelöffel
- Sojasauce - 1 Esslöffel
- Sriracha-Sauce - 2 Esslöffel

Wegbeschreibung:

1. Halbieren Sie die Limetten und pressen Sie den Saft über den Thunfischbauch. Marinieren Sie den Thunfischbauch 10 Minuten lang mit dem Saft. In der Zwischenzeit weißen Zucker mit braunem Zucker, Pfeffer, Sojasoße und Sriracha-Soße vermengen und gut mischen. Waschen und spülen Sie den Thunfischbauch ab und tupfen Sie ihn trocken. Schließen Sie dann den Holzpellet-Smoker an und füllen Sie den Trichter mit den Holzpellets. Schalten Sie den Schalter ein.
2. Stellen Sie den Holzpellet-Smoker auf indirekte Hitze ein und regeln Sie die Temperatur auf 225°F (107°C).
3. Warten Sie, bis der Holzpellet-Smoker die gewünschte Temperatur erreicht hat, und legen Sie dann den gewürzten Thunfischbauch hinein. Räuchern Sie den Thunfischbauch 2 Stunden lang oder bis er abblättert und nehmen Sie ihn aus dem Holzpellet-Räuchergerät, sobald er gar ist.
4. Servieren und genießen.

Ernährung: Kalorien: 392 Fette: 27g Kohlenhydrate: 2g Ballaststoffe: 0g

54. Zitronenbutter geräucherte Makrele mit Wacholderbeeren-Sole

Zubereitungszeit: 10 Minuten
Kochzeit: 2 Stunden 10 Minuten
Portionen: 10 Portionen
Zutaten:

- Makrelenfilet (4-lbs., 1,8-kg.)

Die Sole

- Kaltes Wasser - 4 Tassen
- Senfkörner - 1 Esslöffel
- Getrocknete Wacholderbeeren - 1 Esslöffel
- Lorbeerblätter - 3
- Salz - 1 Esslöffel

Die Glasur

- Butter - 2 Esslöffel
- Zitronensaft - 2 Esslöffel

Wegbeschreibung:

1. Gießen Sie kaltes Wasser in ein Gefäß, würzen Sie es mit Salz, Lorbeerblättern, getrockneten Wacholderbeeren und Senfkörnern und rühren Sie gut um.
2. Geben Sie das Makrelenfilet in die Salzlakenmischung und lassen Sie es ca. 20 Minuten einweichen, dann waschen und abspülen. Tupfen Sie die Makrele trocken.
3. Schließen Sie dann den Holzpellet-Smoker an und füllen Sie den Trichter mit den Holzpellets. Schalten Sie den Schalter ein.
4. Stellen Sie den Holzpellet-Smoker auf indirekte Hitze ein und regeln Sie die Temperatur auf 225°F (107°C).
5. Legen Sie die gewürzte Makrele auf ein Blatt Alufolie und bestreichen Sie sie mit Butter.
6. Beträufeln Sie den Zitronensaft und umwickeln Sie das Makrelenfilet mit der Alufolie.
7. Räuchern Sie die eingewickelte Makrele 2 Stunden lang oder bis sie flockig ist. Sobald sie fertig ist, nehmen Sie sie aus dem Holzpellet-Räucherofen. Wickeln Sie die geräucherte Makrele aus und servieren Sie sie. Genießen Sie!

Ernährung: Kalorien: 467 Fette: 55g Kohlenhydrate: 4g Ballaststoffe: 0g

55. Geräucherte Krabben Paprika-Knoblauch mit Zitronenbutter-Geschmack

Zubereitungszeit: 5 Minuten
Kochzeit: 30 Minuten
Portionen: 10 Portionen
Zutaten:

- Frische Krabben (3,2 kg, 7 lb.)

Die Soße

- Salz - 1 Esslöffel
- Cayennepfeffer - 1 ½ Teelöffel
- Gesalzene Butter - 2 Tassen
- Zitronensaft - ½ Tasse
- Worcestershire-Sauce - 1 Esslöffel
- Knoblauchpulver - 2 Teelöffel

- Geräucherter Paprika - 2 Teelöffel

Wegbeschreibung:

1. Erhitzen Sie einen Topf bei niedriger Hitze und schmelzen Sie die Butter. Lassen Sie sie abkühlen.
2. Die geschmolzene Butter mit Salz, Cayennepfeffer, Worcestershire-Sauce, Knoblauchpulver und geräuchertem Paprika würzen, dann den Zitronensaft in die geschmolzene Butter geben. Umrühren, bis alles eingearbeitet ist, und beiseite stellen.
3. Schließen Sie dann den Holzpellet-Smoker an und füllen Sie den Trichter mit den Holzpellets. Schalten Sie den Schalter ein.
4. Stellen Sie den Holzpellet-Smoker auf indirekte Hitze ein und regeln Sie die Temperatur auf 350°F (177°C).
5. Richten Sie die Krabben in einer Einweg-Aluminiumpfanne an und träufeln Sie die Sauce über die Krabben.
6. Räuchern Sie die Krabben 30 Minuten lang und nehmen Sie sie dann aus dem Holzpellet-Smoker.
7. Geben Sie die geräucherten Krabben auf eine Servierplatte und servieren Sie sie.
8. Viel Spaß!

Ernährung: Kalorien: 455 Fette: 53g Kohlenhydrate: 3g Ballaststoffe: 0g

56. Cayenne-Knoblauch geräucherte Garnele

Zubereitungszeit: 5 Minuten
Kochzeit: 15 Minuten
Portionen: 10 Portionen
Zutaten:

- Frische Garnelen (1,4 kg, 3 lb.)

Die Gewürze

- Olivenöl - 2 Esslöffel
- Zitronensaft - 2 Esslöffel
- Salz - ¾ Teelöffel
- Geräucherter Paprika - 2 Teelöffel
- Pfeffer - ½ Teelöffel
- Knoblauchpulver - 2 Esslöffel
- Zwiebelpulver - 2 Esslöffel
- Getrockneter Thymian - 1 Teelöffel

- Cayennepfeffer - 2 Teelöffel

Wegbeschreibung:

1. Kombinieren Sie Salz, geräucherten Paprika, Pfeffer, Knoblauchpulver, Zwiebelpulver, getrockneten Thymian und Cayennepfeffer und mischen Sie sie gut. Beiseite stellen. Schälen Sie dann die Garnelen und entsorgen Sie den Kopf. In eine Einweg-Aluminiumschale legen. Beträufeln Sie die Garnelen mit Olivenöl und Zitronensaft und schütteln Sie sie, um sie zu überziehen. Lassen Sie die Garnelen ca. 5 Minuten ruhen. Schließen Sie dann den Holzpellet-Smoker an und füllen Sie den Trichter mit den Holzpellets. Schalten Sie den Schalter ein.
2. Stellen Sie den Holzpellet-Smoker auf indirekte Hitze ein und regeln Sie die Temperatur auf 350°F (177°C).
3. Streuen Sie die Gewürzmischung über die Shrimps und rühren Sie, bis die Shrimps vollständig gewürzt sind.
4. Stellen Sie die Einweg-Aluminiumschale mit den Garnelen in den Holzpellet-Smoker und räuchern Sie die Garnelen 15 Minuten lang. Die Shrimps sind dann undurchsichtig und rosa. Nehmen Sie die geräucherten Shrimps aus dem Holzpellet-Smoker und geben Sie sie auf eine Servierplatte.
5. Servieren und genießen.

Ernährung: Kalorien: 233 - Fette: 25g - Kohlenhydrate: 7g - Ballaststoffe: 0g

57. Zimt-Ingwer saftig geräucherte Krabbe

Zubereitungszeit: 10 Minuten
Kochzeit: 30 Minuten
Portionen: 10 Portionen
Zutaten:
- Frische Krabben (3,2 kg, 7 lb.)

Die Gewürze
- Salz - 1 Esslöffel
- Gemahlene Selleriesamen - 3 Esslöffel
- Gemahlener Senf - 2 Teelöffel
- Cayennepfeffer - ½ Teelöffel
- Schwarzer Pfeffer - ½ Teelöffel
- Geräucherter Paprika - 1 ½ Teelöffel
- Gemahlene Nelke - Eine Prise

- Gemahlener Piment - ¾ Teelöffel
- Gemahlener Ingwer - 1 Teelöffel
- Gemahlener Kardamom - ½ Teelöffel
- Gemahlener Zimt - ½ Teelöffel
- Lorbeerblätter - 2

Wegbeschreibung:

1. Kombinieren Sie alle Gewürze - Salz, gemahlene Selleriesamen, Senf, Cayennepfeffer, schwarzer Pfeffer, geräucherter Paprika, Nelken, Piment, Ingwer, Kardamom und Zimt - in einer Schüssel und mischen Sie sie gut. Bestreuen Sie die Krabben mit der Gewürzmischung und wickeln Sie die Krabben mit Alufolie ein. Schließen Sie dann den Holzpellet-Smoker an und füllen Sie den Trichter mit Holzpellets. Schalten Sie den Schalter ein. Stellen Sie den Holzpellet-Smoker auf indirekte Hitze ein und regeln Sie die Temperatur auf 177°C (350°F). Legen Sie die eingewickelten Krabben in den Holzpellet-Smoker und räuchern Sie sie 30 Minuten lang. Sobald sie fertig sind, nehmen Sie die eingewickelten Räucherkrebse aus dem Holzpellet-Räuchergerät und lassen sie ca. 10 Minuten ruhen.
2. Wickeln Sie die geräucherten Krabben aus und geben Sie sie auf eine Servierplatte.
3. Servieren und genießen!

Ernährung: Kalorien: 355 - Fette: 22g - Kohlenhydrate: 8g - Ballaststoffe: 0g

58. <u>Pellet gegrilltes Lachsfilet</u>

Zubereitungszeit: 10 Minuten
Kochzeit: 15 Minuten
Granulat: Gold-Mischung
Portionen: 4
Hartholz: Gold-Mischung
Wegbeschreibung:

1. Gehen Sie zu Ihrem örtlichen Bootsladen, kaufen Sie ein Boot, einen LKW, um es zu ziehen, eine Lachsrute, eine Lizenz, und schleppen Sie das ganze Gespann im Spätsommer oder Frühherbst an die Westküste, um hoffentlich einen dieser Fische zu fangen. Oder Sie gehen zum örtlichen Markt und zahlen ein paar Dollar pro Pfund.

2. Bestreuen Sie beide Seiten des gehäuteten Fischs leicht mit Salz und Pfeffer. Wenn er nicht gehäutet ist, ebenfalls mit den Gewürzen bestreuen. Schmelzen Sie ein paar Esslöffel Butter (Olivenöl ist ein akzeptabler Ersatz) und bestreichen Sie beide Seiten des Fisches damit.

3. Legen Sie den Fisch mit der Hautseite nach unten auf den Grill bei 400-450°F (204-232°C) (es ist egal, welche Seite, wenn er ohne Haut ist).

4. Wenden Sie den Fisch nach etwa 8 Minuten (bei einem 1-Zoll-Filet). Ziehen Sie die Haut ab. Wenn sie sich nicht leicht ablösen lässt, drehen Sie den Fisch ein paar Minuten lang um und versuchen Sie es dann erneut. Salzen und pfeffern Sie leicht, nachdem Sie die Haut entfernt haben. Mit Butter begießen. Garen Sie den Fisch weitere 5-6 Minuten, und wenden Sie ihn dann für etwa 2 weitere Minuten. Prüfen Sie den Gargrad, indem Sie die Mitte mit einer Gabel durchstechen. Der Fisch sollte gerade noch leicht rosa sein und nur wenig Saft enthalten. Vom Grill nehmen, abdecken und 5 Minuten ruhen lassen, da er weiter gart.

5. Denken Sie daran, dass Lachs, wie alle Fische, schnell kocht. Stellen Sie sicher, dass Sie bereit sind, wenn Sie mit dem Grillen beginnen. Ich stelle immer sicher, dass ich meine Alufolie und alles, was ich während des Grillens brauche, bereitlege. Sie wollen nicht auf der Suche nach einer Zange feststecken, während Ihr Fisch in der Zwischenzeit überkocht. Bereiten Sie sich auf eine schnelle Garzeit vor, und alles wird gut werden. Perfekt!

59. Gebratener Kabeljau mit Zitronen-Kräuterbutter

Zubereitungszeit: 10 Minuten
Kochzeit: 12 Minuten
Hartholz: Erle
Inhaltsstoffe
- 1 ½ bis 2 lbs. Kabeljaufilets
- 4 Esslöffel gesalzene Butter bei Raumtemperatur
- ½ Zitrone, geschält und entsaftet
- 1 Knoblauchzehe, geschält und fein gehackt
- 1 Esslöffel gehackte frische Kräuter: Estragon, Petersilie, Basilikum oder Schnittlauch

- 2 Teelöffel Lachs-Shake-Gewürz

Wegbeschreibung

1. Starten Sie Ihren Grill bei geöffnetem Deckel auf Rauch, bis sich das Feuer etabliert hat (ca. 5 Minuten).
2. Heizen Sie den Grill auf 400 Grad F oder High, Deckel geschlossen, für 10 bis 15 Minuten vor.
3. Vermengen Sie die Butter mit Zitronenschale und -saft, Knoblauch, Kräutern und dem Traeger-Lachs-Shake. Stellen Sie die Mischung in den Kühlschrank, wenn Sie sie nicht sofort verwenden wollen.
4. Fetten Sie eine hitzebeständige Auflaufform mit einem Esslöffel Butter ein.
5. Ordnen Sie die Kabeljaufilets in einer einzigen Schicht in der Auflaufform an. Tupfen Sie gleichmäßig Stücke der zusammengesetzten Butter darauf.
6. Backen Sie 12 bis 15 Minuten oder bis der Fisch durchgebraten ist.
7. Löffeln Sie die Sauce über jede Portion. Genießen Sie!

60. Geräucherte Forelle

Zubereitungszeit: 1 Stunde
Kochzeit: 2 Stunden
Hartholz: Eiche
Inhaltsstoffe

- 6 bis 8 Regenbogenforellen
- 1 Gallone Wasser
- ¼ Tasse brauner Zucker
- 1 Esslöffel gemahlener schwarzer Pfeffer
- 2 Esslöffel Sojasauce

Wegbeschreibung

1. Säubern Sie den frischen Fisch und füttern Sie ihn mit Schmetterlingen.
2. Für die Salzlake: Kombinieren Sie Wasser, braunen Zucker, Sojasauce, Salz und Pfeffer. Die Forelle 60 Minuten lang im Kühlschrank salzen.
3. Wenn Sie bereit zum Garen sind, stellen Sie die Temperatur auf 225°F und heizen Sie bei geschlossenem Deckel 15 Minuten lang vor. Für den optimalen Geschmack verwenden Sie Super Smoke, falls verfügbar.

4. Nehmen Sie den Fisch aus der Salzlake und tupfen Sie ihn trocken.
5. Legen Sie den Fisch direkt auf den Grillrost für 1 1/2 bis 2 Stunden, je nach Dicke der Forelle.
6. Der Fisch ist fertig, wenn er undurchsichtig wird und anfängt zu schuppen. Heiß oder kalt servieren. Genießen Sie!

61. Finnan hatte die Rezeptur

Zubereitungszeit: 5 Minuten
Zubereitungszeit: 35 Minuten
Inhaltsstoffe
- 2 Pfund geräucherte Schellfischfilets
- 2 Esslöffel Allzweckmehl
- 1/4 Tasse geschmolzene Butter
- 2 Tassen warme Milch
- Alle Zutaten zur Liste hinzufügen

Wegbeschreibung
1. Heizen Sie den Ofen auf 325 Grad F (165 Grad C) vor.
2. Legen Sie den geräucherten Schellfisch in eine Glasauflaufform. Das Mehl mit der geschmolzenen Butter glatt rühren, dann die Milch einrühren und über den Schellfisch gießen.
3. Im vorgeheizten Ofen backen, bis die Sauce eingedickt ist und der Fisch mit einer Gabel leicht flockt, ca. 35 Minuten.

62. Haus Gegrillter Lachs

Inhaltsstoffe
- 1 ½ lb. Lachsfilets
- Zitronenpfeffer nach Geschmack
- Knoblauchpulver nach Geschmack
- Salz nach Geschmack
- 1/3 Tasse Sojasauce
- 1/3 Tasse brauner Zucker
- 1/3 Tasse Wasser
- ¼ Tasse Pflanzenöl

Wegbeschreibung
1. Mischen Sie alle Zutaten in einer großen Schüssel.

2. Würzen Sie die Lachsfilets mit Zitronenpfeffer, Knoblauchpulver und Salz.
3. Rühren Sie in einer kleinen Schüssel die Sojasauce, den braunen Zucker, das Wasser und das Pflanzenöl zusammen, bis der Zucker aufgelöst ist. Geben Sie den Fisch mit der Sojasaucenmischung in einen großen wiederverschließbaren Plastikbeutel, verschließen Sie ihn und drehen Sie ihn, um ihn zu überziehen. Mindestens 2 Stunden in den Kühlschrank stellen.
4. Heizen Sie den Grill auf niedrige und langsame Hitze vor.
5. Fetten Sie den Grillrost leicht ein. Legen Sie den Lachs auf den vorgeheizten Grill und entsorgen Sie die Marinade. Garen Sie den Lachs 6 bis 8 Minuten pro Seite oder bis der Fisch mit einer Gabel leicht abblättert.

63. Geräucherte Fischpastete

Zubereitungszeit: 20 Minuten
Kochzeit: 45 Minuten
Portionen: 8 Personen
Inhaltsstoffe
Für die Kruste:
- 1/2 Tasse (1 Stick) Butter (kalt)
- 1 1/4 Tasse Allzweckmehl
- 1/2 Teelöffel Salz
- 3 Esslöffel Emmentaler Käse, gerieben
- 3 Esslöffel Wasser

Für die Füllung:
- 1 Tasse Räucherlachs, gewürfelt
- 1/2 Tasse Lauch, nur der weiße Teil, gehackt
- 3 Eier
- 1/2 Tasse Vollmilch
- 3/4 Tasse schwere Schlagsahne
- 1/3 Tasse Dill gehackt, frisch
- 1 Teelöffel Zitronenpfeffer
- 1/2 Teelöffel Salz
- 3/4 Tasse Käse Emmentaler Käse, gerieben

Wegbeschreibung:
Bereiten Sie die Kruste vor
- Sammeln Sie die Zutaten.

- Heizen Sie den Ofen auf 400°F vor.
- Schneiden Sie in einer mittelgroßen Schüssel die Butter in das Mehl und das Salz, bis es groben Krümeln ähnelt.
- Fügen Sie den geriebenen Käse und das Wasser hinzu und vermengen Sie alles, bis die Kruste zusammenkommt.
- Rollen Sie die Kruste auf einer leicht bemehlten Fläche aus.
- Drücken Sie die Kruste in eine 9-Zoll-Kuchenform, falten und kräuseln Sie den oberen Rand.
- Stechen Sie die Kruste mit einer Gabel rundherum ein.
- Dann 15 Minuten bei 400°F backen.

Bereiten Sie den Kuchen vor
- Sammeln Sie die Zutaten.
- Legen Sie den gehackten Lachs und den Lauch in die vorbereitete Pastetenkruste.
- Verquirlen Sie in einer großen Schüssel die Eier, Milch, Sahne, Dill, Zitronenpfeffer und Salz.
- Gießen Sie die Eiermischung über den Lachs und den Lauch in der Kruste.
- Mit geriebenem Emmentaler Käse bestreuen.
- Bringen Sie den Kuchen wieder in den Ofen und backen Sie ihn 27 bis 30 Minuten lang.
- Vor dem Schneiden und Servieren mindestens 15 Minuten abkühlen lassen.
- Viel Spaß!

Tipp: Wenn Sie den Teig mit der Hand herstellen, achten Sie darauf, dass Sie beim Mischen der Butter und des Mehls schnell vorgehen. Fassen Sie die Butter nicht zu sehr an, da sie durch die Wärme Ihrer Hand zu stark erwärmt werden könnte. Denken Sie daran, dass sie so kühl wie möglich sein muss.

64. Gegrillter Hummerschwanz

Zubereitungszeit: 10 Minuten
Kochzeit: 15 Minuten
Portionen: 4
Rauchtemperatur: 450°F und 140°F
Zutaten:
- 2 (je 8 Unzen) Hummerschwänze
- 1/4 Teelöffel altes Lorbeergewürz

- ½ Teelöffel Oregano
- 1 Teelöffel Paprika
- Saft von einer Zitrone
- 1/4 Teelöffel Himalaya-Salz
- 1/4 Teelöffel frisch gemahlener schwarzer Pfeffer
- 1/4 Teelöffel Zwiebelpulver
- 2 Esslöffel frisch gehackte Petersilie
- ¼ Tasse geschmolzene Butter

Wegbeschreibung:
1. Schneiden Sie den Schwanz in der Mitte mit einer Küchenschere durch. Ziehen Sie die Schale leicht auseinander und fahren Sie mit der Hand durch das Fleisch, um das Fleisch teilweise abzutrennen, wobei es teilweise am Schwanzansatz haften bleibt.
2. Kombinieren Sie das alte Lorbeergewürz, Paprika, Oregano, Salz, Pfeffer und Zwiebelpulver in einer Rührschüssel.
3. Hummerschwanz mit Zitronensaft beträufeln und großzügig mit der Gewürzmischung würzen.
4. Heizen Sie Ihren Holzpellet-Smoker auf 450°F vor und verwenden Sie Apfelholzpellets.
5. Legen Sie den Hummerschwanz mit der Fleischseite nach unten direkt auf den Grillrost. Garen Sie die Schwänze ca. 15 Minuten oder bis die Innentemperatur der Schwänze 140°F erreicht.
6. Nehmen Sie die Schwänze vom Grill und lassen Sie sie einige Minuten zum Abkühlen ruhen.
7. Beträufeln Sie die Schwänze mit geschmolzener Butter.
8. Servieren und mit frisch gehackter Petersilie garnieren.

Ernährung: Kalorien 146 Gesamtfett 11,7g Gesättigtes Fett 7,3g Cholesterin 56mg Natrium 295mg Gesamtkohlenhydrate 2,1g Ballaststoffe 0,8g Gesamtzucker 0,5g Eiweiß 9,3g Vitamin D 8mcg Calcium 15mg Eisen 0mg Kalium 53mg

65. <u>Heilbutt</u>

Zubereitungszeit: 10 Minuten
Kochzeit: 30 Minuten
Portionen: 4
Rauchtemperatur: 275°F und 135°F

Zutaten:

- 1 Pfund frisches Heilbuttfilet (in 4 gleich große Stücke geschnitten)
- 1 Esslöffel frischer Zitronensaft
- 2 Knoblauchzehen (gehackt)
- 2 Teelöffel Sojasauce
- ½ Teelöffel gemahlener schwarzer Pfeffer
- ½ Teelöffel Zwiebelpulver
- 2 Esslöffel Honig
- ½ Teelöffel Oregano
- 1 Teelöffel getrocknetes Basilikum
- 2 Esslöffel Butter (geschmolzen)
- Ahornsirup zum Servieren

Wegbeschreibung:
1. Vermengen Sie in einer Rührschüssel Zitronensaft, Honig, Sojasauce, Zwiebelpulver, Oregano, getrocknetes Basilikum, Pfeffer und Knoblauch.
2. Die Heilbuttfilets großzügig mit der Filetiermischung bepinseln. Die Filets mit Alufolie umwickeln und für 4 Stunden in den Kühlschrank legen.
3. Nehmen Sie die Filets aus dem Kühlschrank und lassen Sie sie ca. 2 Stunden lang ruhen, oder bis sie Raumtemperatur erreicht haben.
4. Aktivieren Sie Ihren Holzpelletgrill auf Rauch und lassen Sie den Deckel für 5 Minuten oder bis zum Feuerbeginn geöffnet.
5. Heizen Sie Ihren Grill nach dem Schließen des Deckels 15 Minuten lang auf 275°F auf und verwenden Sie dabei Obstholzpellets.
6. Legen Sie die Heilbuttfilets direkt auf den Grillrost und räuchern Sie sie 30 Minuten lang oder bis die Innentemperatur des Fisches 135°F erreicht.
7. Nehmen Sie die Filets vom Grill und lassen Sie sie 10 Minuten ruhen.
8. Servieren und nach Belieben mit Ahornsirup verfeinern

Ernährung: Kalorien 180 Gesamtfett 6,3g Gesättigtes Fett 3,7g Cholesterin 35mg Natrium 247mg Gesamtkohlenhydrate 10g Ballaststoffe 0,3g Gesamtzucker 8,9g Eiweiß 20,6g Vitamin D 4mcg Calcium 11mg Eisen 0mg Kalium 34mg

66. BBQ-Garnele

Zubereitungszeit: 20 Minuten
Kochzeit: 8 Minuten
Portionen: 6
Räuchertemperatur: 450°F
Zutaten:

- 2 Pfund rohe Garnelen (geschält und entdarmt)
- ¼ Tasse natives Olivenöl extra
- ½ Teelöffel Paprika
- ½ Teelöffel rote Paprikaflocken
- 2 Knoblauchzehen (gehackt)
- 1 Teelöffel Kreuzkümmel
- 1 Zitrone (entsaftet)
- 1 Teelöffel koscheres Salz
- 1 Esslöffel Chilipaste
- Bambus- oder Holzspieße (mindestens 30 Minuten eingeweicht)

Wegbeschreibung:

1. In einer großen Schüssel Paprikaflocken, Kreuzkümmel, Zitrone, Salz, Chili, Paprika, Knoblauch und Olivenöl vermengen. Fügen Sie die Garnelen hinzu und schwenken Sie sie, um sie zu kombinieren.
2. Geben Sie die Garnelen und die Marinade in einen Zip-Lock-Beutel und stellen Sie sie für 4 Stunden in den Kühlschrank.
3. Nehmen Sie die Garnele aus der Marinade und lassen Sie sie ruhen, bis sie Zimmertemperatur hat.
4. Starten Sie Ihren Grill auf Rauch und lassen Sie den Deckel 5 Minuten lang geöffnet, oder bis das Feuer beginnt. Verwenden Sie Hickory-Holzpellets.
5. Decken Sie den Deckel ab und lassen Sie den Grill 15 Minuten lang auf höchster Stufe aufheizen.
6. Garnelen auf Spieße fädeln und die Spieße auf den Grillrost legen.
7. Räuchern Sie die Garnelen 8 Minuten lang, 4 Minuten pro Seite.
8. Servieren und genießen.

Ernährung: Kalorien 267 Gesamtfett 11,6g Gesättigtes Fett 2g Cholesterin 319mg Natrium 788mg Gesamtkohlenhydrate 4,9g Ballaststoffe 0,4g Gesamtzucker 1g Eiweiß 34,9g Calcium 149mg Eisen 1mg Kalium 287mg

VORSPEISE UND BEILAGEN

67. Auster in Schale

Zubereitungszeit: 25 Minuten
Kochzeit: 8 Minuten
Portionen: 4
Räuchertemperatur: 450°F
Zutaten:

- 12 mittlere Austern
- 1 Teelöffel Oregano
- 1 Zitrone (entsaftet)
- 1 Teelöffel frisch gemahlener schwarzer Pfeffer
- 6 Esslöffel ungesalzene Butter (geschmolzen)
- 1 Teelöffel Salz oder mehr nach Geschmack
- 2 Knoblauchzehen (gehackt)

Garnieren:

- 2 ½ Esslöffel geriebener Parmesankäse
- 2 Esslöffel frisch gehackte Petersilie

Wegbeschreibung:

1. Beginnen Sie damit, die Außenseite der Schale mit einer Schrubbbürste unter fließendem kaltem Wasser abzuschrubben, um Schmutz zu entfernen.
2. Halten Sie eine Auster mit der flachen Seite nach oben in ein Handtuch. Stecken Sie ein Austernmesser in das Scharnier der Auster.
3. Drehen Sie das Messer mit Druck, um die Auster aufzuklappen. Führen Sie das Messer entlang des Austernscharniers, um die Schale vollständig zu öffnen. Entsorgen Sie die obere Schale.
4. Fahren Sie mit dem Messer vorsichtig unter die Auster, um den Austernfuß von der unteren Schale zu lösen.
5. Wiederholen Sie Schritt 2 und 3 für die restlichen Austern.
6. Kombinieren Sie geschmolzene Butter, Zitrone, Pfeffer, Salz, Knoblauch und Oregano in einer Rührschüssel.
7. Geben Sie ½ bis 1 Teelöffel der Buttermischung auf jede Auster.
8. Starten Sie Ihren Holzpelletgrill auf Rauch und lassen Sie den Deckel für 5 Minuten geöffnet, oder bis das Feuer beginnt.

9. Schließen Sie den Deckel und lassen Sie den Grill bei geschlossenem Deckel 15 Minuten lang auf hoher Stufe heizen.
10. Legen Sie die Austern behutsam auf den Grillrost.
11. Grillen Sie die Auster für 6 bis 8 Minuten oder bis der Austernsaft sprudelt und die Auster prall ist.
12. Nehmen Sie die Austern vom Herd. Servieren und mit geriebenem Parmesan und gehackter Petersilie garnieren.

Ernährung: Kalorien 200 Gesamtfett 19,2g Gesättigtes Fett 11,9g Cholesterin 66mg Natrium 788mg Gesamtkohlenhydrate 3,9g Ballaststoffe 0,8g Gesamtzucker 0,7g Eiweiß 4,6g Vitamin D 12mcg Calcium 93mg Eisen 2mg Kalium 120mg

68. Gegrillte Königskrabbenbeine

Zubereitungszeit: 10 Minuten
Kochzeit: 25 Minuten
Portionen: 4
Rauchtemperatur: 225°F
Zutaten:
- 4 Pfund Königskrabbenbeine (geteilt)
- 4 Esslöffel Zitronensaft
- 2 Esslöffel Knoblauchpulver
- 1 Tasse Butter (geschmolzen)
- 2 Teelöffel brauner Zucker
- 2 Teelöffel Paprika
- 2 Teelöffel gemahlener schwarzer Pfeffer oder mehr nach Geschmack

Wegbeschreibung:
1. Vermengen Sie in einer Rührschüssel Zitronensaft, Butter, Zucker, Knoblauch, Paprika und Pfeffer.
2. Legen Sie die gespaltenen Krabben mit der gespaltenen Seite nach oben auf ein Backblech.
3. Beträufeln Sie die Krabbenbeine mit ¾ der Buttermischung.
4. Konfigurieren Sie Ihren Pelletgrill für indirektes Garen und heizen Sie ihn auf 225°F vor, wobei Sie Mesquite-Holzpellets verwenden.
5. Legen Sie die Krabbenbeine mit der Schale nach unten auf den Grillrost.
6. Den Grill abdecken und 25 Minuten garen.
7. Nehmen Sie die Krabbenbeine vom Grill.

8. Servieren und mit der restlichen Buttermischung bestreichen.

Ernährung: Kalorien 894 Gesamtfett 53,2g 68% Gesättigtes Fett 29,3g 147% Cholesterin 374mg 125% Natrium 5189mg 226% Gesamtkohlenhydrate 6,1g Ballaststoffe 1,2g Gesamtzucker 3g Eiweiß 88,6g Vitamin D 32mcg Calcium 301mg Eisen 4mg Kalium 119mg

69. Cajun geräucherter Wels

Zubereitungszeit: 15 Minuten
Kochzeit: 2 Stunden
Portionen: 4
Rauchtemperatur: 200°F
Zutaten:
- 4 Welsfilets (je 5 Unzen)
- ½ Tasse Cajun-Gewürz
- 1 Teelöffel gemahlener schwarzer Pfeffer
- 1 Esslöffel geräucherter Paprika
- 1 /4 Teelöffel Cayennepfeffer
- 1 Teelöffel scharfe Sauce
- 1 Teelöffel granulierter Knoblauch
- 1 Teelöffel Zwiebelpulver
- 1 Teelöffel Thymian
- 1 Teelöffel Salz oder mehr nach Geschmack
- 2 Esslöffel gehackte frische Petersilie

Wegbeschreibung:
1. Gießen Sie Wasser in den Boden einer quadratischen oder rechteckigen Schale. Fügen Sie 4 Esslöffel Salz hinzu. Legen Sie die Welsfilets in die Schale. Decken Sie die Schüssel ab und stellen Sie sie für 3 bis 4 Stunden in den Kühlschrank.
2. Vermengen Sie in der Zwischenzeit Paprika, Cayennepfeffer, scharfe Soße, Zwiebel, Salz, Thymian, Knoblauch, Pfeffer und Cajun-Gewürz in einer Rührschüssel.
3. Nehmen Sie den Fisch aus der Schüssel und lassen Sie ihn ein paar Minuten ruhen, oder bis er Zimmertemperatur hat. Tupfen Sie die Fischfilets mit einem Papiertuch trocken.
4. Reiben Sie die Gewürzmischung großzügig über jedes Filet.
5. Starten Sie Ihren Grill auf Rauch und lassen Sie den Deckel für 5 Minuten geöffnet, oder bis das Feuer beginnt.

6. Decken Sie den Deckel ab und lassen Sie den Grill mit Mesquite-Hartholzpellets auf 200°F aufheizen.
7. Legen Sie die Fischfilets auf den Grillrost und schließen Sie den Grill. Etwa 2 Stunden lang garen, oder bis der Fisch flockig ist.
8. Nehmen Sie die Filets vom Grill und lassen Sie die Filets einige Minuten zum Abkühlen ruhen.
9. Servieren und mit gehackter frischer Petersilie garnieren.

Ernährung: Kalorien 204 Gesamtfett 11,1g Gesättigtes Fett 2g Cholesterin 67mg Natrium 991mg Gesamtkohlenhydrate 2,7g Ballaststoffe 1,1g Gesamtzucker 0,6g Eiweiß 22,9g Calcium 29mg Eisen 3mg Kalium 532mg

70. Rosmarin-geräucherte Lammkoteletts

Zubereitungszeit: 15 Minuten
Zubereitungszeit: 2 Stunden und 5 Minuten
Portionen: 4
Zutaten:

- Holzpellet-Geschmack: Mesquite
- 4½ Pfund Lammkoteletts mit Knochen
- 2 Esslöffel Olivenöl
- Salz
- Frisch gemahlener schwarzer Pfeffer
- 1 Strauß frischer Rosmarin

Wegbeschreibung:

1. Versorgen Sie Ihren Smoker mit Holzpellets und befolgen Sie die spezifische Inbetriebnahmeprozedur des Herstellers. Heizen Sie den Grill auf 180°F vor.
2. Reiben Sie das Lamm großzügig mit Olivenöl ein und würzen Sie es auf beiden Seiten mit Salz und Pfeffer.
3. Verteilen Sie den Rosmarin direkt auf dem Grillrost, sodass eine ausreichend große Fläche entsteht, auf der alle Koteletts liegen können. Legen Sie die Koteletts auf den Rosmarin und räuchern Sie sie, bis sie eine Innentemperatur von 135°F erreichen.
4. Erhöhen Sie die Temperatur des Grills auf 450°F, entfernen Sie den Rosmarin und garen Sie die Koteletts weiter, bis ihre Innentemperatur 145°F erreicht.
5. Nehmen Sie die Koteletts vom Grill und lassen Sie sie vor dem Servieren 5 Minuten ruhen.

Ernährung: Kalorien: 50 Kohlenhydrate: 4g Ballaststoffe: 2g Fett: 2,5g
Eiweiß: 2g

71. Lammkeule nach griechischer Art gebraten

Zubereitungszeit: 25 Minuten
Zubereitungszeit: 1 Stunde und 30 Minuten
Portionen: 12
Zutaten:

- 7 Pfund Lammkeule, nicht entbeint, Fett abgetrennt
- 2 Zitronen, entsaftet
- 8 Knoblauchzehen, geschält, gehackt
- Salz nach Bedarf
- Gemahlener schwarzer Pfeffer nach Bedarf
- 1 Teelöffel getrockneter Oregano
- 1 Teelöffel getrockneter Rosmarin
- 6 Esslöffel Olivenöl

Wegbeschreibung:

1. Schneiden Sie mit einem Schälmesser einen kleinen Schnitt in das Lammfleisch, rühren Sie dann Knoblauch, Oregano und Rosmarin zusammen und füllen Sie diese Paste in die Schlitze des Lammfleisches.
2. Nehmen Sie einen Bräter, legen Sie das Lamm hinein, reiben Sie es dann mit Zitronensaft und Olivenöl ein, decken Sie es mit einer Plastikfolie ab und lassen Sie es mindestens 8 Stunden im Kühlschrank marinieren.
3. Wenn Sie bereit sind zu kochen, schalten Sie den Pelletgrill ein, füllen Sie den Grilltrichter mit Holzpellets mit Eichenaroma, schalten Sie den Grill über das Bedienfeld ein, wählen Sie "Rauch" auf dem Temperaturregler oder stellen Sie die Temperatur auf 400 Grad F und lassen Sie ihn mindestens 15 Minuten lang vorheizen.
4. In der Zwischenzeit das Lammfleisch aus dem Kühlschrank nehmen, auf Zimmertemperatur bringen, aufdecken und dann gut mit Salz und schwarzem Pfeffer würzen.
5. Wenn der Grill vorgeheizt ist, öffnen Sie den Deckel, legen Sie die Lebensmittel auf den Grillrost, schließen Sie den Grill und rauchen Sie 30 Minuten lang.

6. Ändern Sie die Räuchertemperatur auf 350 Grad F und räuchern Sie dann 1 Stunde lang weiter, bis die Innentemperatur 140 Grad F erreicht.
7. Wenn das Lamm fertig ist, übertragen Sie es auf ein Schneidebrett, lassen es 15 Minuten ruhen, schneiden es dann in Scheiben und servieren es.

Ernährung: Kalorien: 168 Kal Fett: 10 g Kohlenhydrate: 2 g Eiweiß: 17 g Ballaststoffe: 0,7 g

72. Hickory-geräucherte Lammkeule

Zubereitungszeit: 15 Minuten
Kochzeit: 5-7 Stunden
Portionen: 4
Zutaten:
- HOLZPLATTENGESCHMACK: Hickory
- 1 (6- bis 8-Pfund) Lammkeule ohne Knochen
- 2 Chargen Rosmarin-Knoblauch-Lammgewürz

Wegbeschreibung:
1. Versorgen Sie Ihren Smoker mit Holzpellets und befolgen Sie die spezifische Inbetriebnahmeprozedur des Herstellers. Heizen Sie den Grill auf 225 F vor. Schließen Sie den Deckel
2. Reiben Sie die Lammkeule mit den Händen mit den Gewürzen ein, reiben Sie sie unter und um eventuelle Netze herum.
3. Legen Sie das Lamm direkt auf den Grillrost und räuchern Sie es, bis seine Innentemperatur 145 F erreicht.
4. Nehmen Sie das Lamm vom Grill und lassen Sie es 20 bis 30 Minuten ruhen, bevor Sie das Netz entfernen, es in Scheiben schneiden und servieren.

73. Geräucherte Lammkarree

Zubereitungszeit: 25 Minuten
Kochzeit: 4-6 Stunden
Portionen: 4
Zutaten:
- Holzpellet-Geschmack: Hickory
- 1 (2 Pfund) Lammkarree
- 1 Charge Rosmarin-Knoblauch-Lammgewürz

Wegbeschreibung:
1. Versorgen Sie Ihren Smoker mit Holzpellets und befolgen Sie die spezifische Inbetriebnahmeprozedur des Herstellers. Heizen Sie den Grill auf 225°F. Schließen Sie den Deckel.
2. Ritzen Sie mit einem Ausbeinmesser den unteren Fettteil des Rippenfleischs ein.
3. Reiben Sie das Lammkarree mit den Händen rundherum mit der Würzmischung ein und achten Sie darauf, dass sie in das eingekerbte Fett eindringt.
4. Legen Sie den Rost mit der Fettseite nach oben direkt auf den Grillrost und räuchern Sie ihn, bis seine Innentemperatur 145°F erreicht.
5. Nehmen Sie den Rost vom Grill und lassen Sie ihn 20 bis 30 Minuten ruhen, bevor Sie ihn zum Servieren in einzelne Rippchen schneiden.

Ernährung: Kalorien: 50 Kohlenhydrate: 4g Ballaststoffe: 2g Fett: 2,5g Eiweiß: 2g

74. Geräucherte Lammwurst

Zubereitungszeit: 2 Stunden
Kochzeit: 6 Stunden
Portionen: 6
Zutaten:
Pellets: Kirsche
- 1 Teelöffel Kreuzkümmel
- 1/2 Teelöffel Cayennepfeffer
- 1 Esslöffel Petersilie
- 1 Teelöffel schwarzer Pfeffer
- 1 Zahnrad-Gehäuse
- 1 Esslöffel Knoblauch
- 1 Teelöffel Paprika
- 2 Esslöffel Salz
- 2 Esslöffel Fenchel, gewürfelt
- 1 Esslöffel Koriander
- 2 lbs. Lammschultern

Joghurtsauce:
- 3 Tasse Joghurt
- Zitronensaft nach Geschmack

- 1 Knoblauchzehe, gehackt
- Salz und Pfeffer
- 1 Salatgurke, gewürfelt
- 1 Zwiebel, gehackt

Wegbeschreibung:

1. Hacken Sie das Lammfleisch in Stücke, bevor Sie es in einem Fleischwolf zerkleinern.
2. Mischen Sie das Lammfleisch mit allen Gewürzen und stellen Sie es in den Kühlschrank.
3. Verwenden Sie dann ein Wursthorn, um den Schweinedarm zu befestigen, und beginnen Sie, die Wurst durch den Fleischwolf und in den Darm zu schieben und zu Gliedern zu verdrehen. Stechen Sie Löcher in den Darm, bevor Sie ihn abkühlen lassen.
4. Mischen Sie alle Zutaten für die Joghurtsauce und stellen Sie sie beiseite.
5. Wenn Sie bereit sind zu kochen, stellen Sie Ihren Smoker auf 225 F und heizen Sie ihn vor.
6. Legen Sie die Wurst auf den Grill und räuchern Sie sie eine Stunde lang.
7. Nehmen Sie dann die Glieder vom Grill und erhöhen Sie die Temperatur des Grills auf 500°F.
8. Legen Sie die Glieder wieder auf den Grill für 5 Minuten auf jeder Seite, dann servieren Sie sie mit der Joghurtsauce.

Ernährung: Kalorien: 50 Kohlenhydrate: 4g Ballaststoffe: 2g Fett: 2,5g Eiweiß: 2g

75. Gebratenes Lamm mit Pistazien

Zubereitungszeit: 20 Minuten
Kochzeit: 40 Minuten
Portionen: 6
Zutaten:

Pellets: Kirsche

- 1 Esslöffel Pflanzenöl
- 2 Lammracks
- 3 Möhren, geschält und gehackt
- 1 lb. Kartoffeln
- 1 Esslöffel Olivenöl
- 1/2 Teelöffel Salz

- 1/2 Teelöffel Pfeffer
- 1 Knoblauchzehe, gehackt
- 2 Teelöffel Thymian
- 3 Tassen Pistazien
- 2 Esslöffel Semmelbrösel
- 1 Esslöffel Butter
- 1 Teelöffel Olivenöl
- 3 Esslöffel Dijon-Senf

Anweisungen

1. Wenn Sie bereit sind zu kochen, stellen Sie Ihren Smoker auf 450F und heizen Sie ihn vor.
2. Stellen Sie eine große Pfanne auf den Grill und geben Sie Pflanzenöl hinein.
3. Tupfen Sie das Lammfleisch trocken und würzen Sie dann jedes Lammkarree mit Salz und schwarzem Pfeffer.
4. Geben Sie die Karotten zusammen mit dem Salz, den Kartoffeln, dem Knoblauch, dem Olivenöl, dem Pfeffer und dem Thymian in eine Rührschüssel. Beiseite stellen.
5. Legen Sie das Lamm in die Pfanne und garen Sie es acht Minuten lang. Nehmen Sie das Lamm vom Grill und lassen Sie es ruhen, bevor Sie die Pistazien, die Butter, das Salz, die Semmelbrösel und das Olivenöl vermischen
6. Senf auf die Fettseite der Lammkarrees streichen. Pistazienmischung auf den Senf tupfen.
7. Legen Sie die Karotten und das Lamm in die Pfanne und kochen Sie sie dann zusammen mit dem Lamm 15 Minuten lang.
8. Öffnen Sie den Deckel und kochen Sie weitere zehn Minuten vor dem Servieren.

Ernährung: Kalorien: 50 Kohlenhydrate: 4g Ballaststoffe: 2g Fett: 2,5g Eiweiß: 2g

76. <u>Lamm Wraps</u>

Zubereitungszeit: 1 Stunde
Kochzeit: 2 Stunden
Portionen: 4
Zutaten:
Granulat: Apfel
- 1 Lammkeule

- 3 Zitronen, entsaftet
- Olivenöl
- Großwild-Rubbel
- 2 Tassen Joghurt
- 2 Salatgurken, gewürfelt
- 2 Knoblauchzehen, gehackt
- 4 Esslöffel Dill, fein gewürfelt
- 2 Esslöffel Minzblätter, fein gewürfelt
- Salz und Pfeffer
- 12 Pitas
- 3 Tomaten, gewürfelt
- 1 rote Zwiebel, in dünne Scheiben geschnitten
- 8 oz. Fetakäse

Wegbeschreibung:
1. Reiben Sie Ihr Lamm mit dem Zitronensaft, Olivenöl und dem Rub ein.
2. Wenn Sie bereit sind zu kochen, stellen Sie die Temperatur Ihres Smokers auf 500°F und heizen Sie ihn vor. Legen Sie die Lammkeule in den Smoker und garen Sie sie 30 Minuten lang.
3. Senken Sie die Hitze auf 350 F und kochen Sie eine weitere Stunde weiter.
4. Während das Lamm brät, bereiten Sie die Tzatziki-Soße zu, indem Sie Joghurt, Gurken, Knoblauch, Dill und Minzblätter in einer Schüssel vermischen und vermengen. Zum Kühlen in den Kühlschrank stellen.
5. Holen Sie die Pittas und wickeln Sie sie in Folie ein, dann legen Sie sie zum Aufwärmen auf den Grill.
6. Legen Sie das Lamm auf ein Schneidebrett und lassen Sie es 15 Minuten ruhen, bevor Sie es in Scheiben schneiden.
7. Füllen Sie die warme Pita mit roten Zwiebeln, Lammfleisch, Tomatenwürfeln, Tzatziki-Sauce und Feta.

Ernährung: Kalorien: 50 Kohlenhydrate: 4g Ballaststoffe: 2g Fett: 2,5g Eiweiß: 2g

77. Marokkanische Kebabs

Zubereitungszeit: 20 Minuten
Kochzeit: 30 Minuten
Portionen: 2

Zutaten:

Pellets: Kirsche

- 1 Tasse Zwiebeln, fein gewürfelt
- 1 Esslöffel frische Minze, fein gewürfelt
- 1 Teelöffel Paprika
- 1 Teelöffel Salz
- 1/2 Teelöffel gemahlener Koriander
- 1/4 Teelöffel gemahlener Zimt
- Fladenbrot
- 2 Knoblauchzehen, gehackt
- 3 Esslöffel Korianderblätter, fein gewürfelt
- 1 Esslöffel gemahlener Kreuzkümmel
- 1 1/2 lbs. Lammhackfleisch

Wegbeschreibung:

1. In einer Schüssel die Zutaten außer dem Pitabrot mischen. Mischen Sie sie zu Fleischbällchen und spießen Sie jedes Fleischbällchen auf.
2. Befeuchten Sie anschließend Ihre Hände mit Wasser und formen Sie das Fleisch zu einer etwa daumengroßen Wurst. Decken Sie das Fleisch ab und stellen Sie es für 30 Minuten in den Kühlschrank.
3. Wenn Sie bereit sind, stellen Sie die Temperatur Ihres Smokers auf 350°F und heizen Sie ihn vor. Legen Sie die Spieße in den Smoker und garen Sie sie 30 Minuten lang.
4. Mit dem Fladenbrot servieren.

78. Geschmorte Lammhaxe

Zubereitungszeit: 15 Minuten

Kochzeit: 4 Stunden

Portionen: 4

Zutaten:

Pellets: Mesquite

- 4 Lammhaxen
- Prime Rib reiben
- 1 Tasse Rinderbrühe
- 1 Tasse Rotwein
- 4 Zweige Rosmarin und Thymian

Wegbeschreibung:

1. Würzen Sie das Lammfleisch mit dem Prime Rib Rub.
2. Stellen Sie Ihren Smoker auf 500F und heizen Sie ihn vor.
3. Legen Sie das Lammfleisch direkt auf den Grill und räuchern Sie es 20 Minuten lang.
4. Geben Sie das Lammfleisch in eine Pfanne und gießen Sie den Wein, die Rinderbrühe und die Kräuter hinein. Bedecken Sie die Pfanne und legen Sie sie wieder auf den Grill, wobei Sie die Temperatur auf 325 F senken.
5. Schmoren Sie das Lamm vor dem Servieren 4 Stunden lang.

Ernährung: Kalorien: 50 Kohlenhydrate: 4g Ballaststoffe: 2g Fett: 2,5g Eiweiß: 2g

79. Geschmorte Lamm-Tacos

Zubereitungszeit: 2 Stunden
Kochzeit: 5 Stunden
Portionen: 4
Zutaten:
Pellets: Mesquite

- 1/4 Esslöffel Kreuzkümmelsamen
- 1/4 Esslöffel Koriandersamen
- 1/4 Esslöffel Kürbiskerne
- 2 oz. Guajillo-Paprika
- 1 Esslöffel Paprika
- 1 Esslöffel Limettensaft
- 1 Esslöffel frischer Oregano, gewürfelt
- 3 Knoblauchzehen, gehackt
- 2 Esslöffel Olivenöl
- 1 Esslöffel Salz
- 3 lbs. Lammschultern

Wegbeschreibung:
1. Mahlen Sie alle Samen zusammen, bevor Sie den Chili mit Wasser zwei Minuten lang auf höchster Stufe in die Mikrowelle stellen.
2. Mischen Sie die Samen, Limettensaft, Paprika, Knoblauchzehen, Salz, Öl und Oregano mit dem Chili.
3. Legen Sie das Fleisch in eine Pfanne und reiben Sie es dann mit der Gewürzmischung ein. Lassen Sie es für zwei Stunden im Kühlschrank.

4. Wenn Sie bereit sind zu kochen, schalten Sie Ihren Smoker auf 325 F und heizen Sie ihn vor.
5. Gießen Sie 1/2 Tasse Wasser in die Pfanne und decken Sie sie mit Folie ab. Kochen Sie das Lamm zwei Stunden lang und fügen Sie bei Bedarf Wasser hinzu.
6. Entsorgen Sie die Folie und kochen Sie weitere 2 Stunden, dann lassen Sie sie 20 Minuten stehen, bevor Sie sie zerkleinern.
7. Auf Maistortillas servieren.

80. Holzgeräucherte entbeinte Forelle

Zubereitungszeit: 10 Minuten
Kochzeit: 2 Stunden
Portionen: 4
Zutaten:
- 4 frische, entbeinte ganze Forellen, mit Haut und ohne Gräten
- 5 Tassen Lachs- und Forellensalzlösung

Wegbeschreibung:
1. Legen Sie die Forelle in einen 2-Liter-Plastikbeutel oder auf ein Salzlakengestell. Legen Sie den Beutel auf einen flachen Teller, falls er verschüttet wird, und kühlen Sie ihn 2 Stunden lang, wobei Sie die Forelle auf Rädern drehen, um sicherzustellen, dass sie eingetaucht bleibt. Legen Sie den Beutel im Falle eines Verschüttens auf einen flachen Teller
2. Trocknen Sie die gepökelten Forellen 2 Stunden lang im Kühlschrank an der Luft, damit sich das Pellikel ausbilden kann.
3. Auf dem Holzpellet-Smoker-Grill
4. Konfigurieren Sie den Holzpellet-Räuchergrill für ein nicht direktes Garen. Falls Ihr Grill über Kalträuchermöglichkeiten verfügt, konfigurieren Sie Ihren Pellet-Räuchergrill für Kalträuchern.
5. Heizen Sie den Grill mit Erlenholzpellets auf 190°F vor. Eine Grubentemperatur von 190°F sollte zu einer Kalträuchertemperatur von 70°F bis 100°F in Ihrer Räucherbox führen, abhängig von der Umgebungstemperatur.
6. Räuchern Sie die Forelle 90 Minuten lang kalt.
7. Nach 90 Minuten die kaltgeräucherte, entbeinte Forelle in den Bereich der Holzpellet-Räucher-Grillgrube bringen und die Holzpellet-Räucher-Grilltemperatur auf 230°F erhöhen.

8. Garen Sie die Forelle weiter, bis die Innentemperatur der Forelle an der dicksten Stelle 145°F erreicht hat.
9. Nehmen Sie die Forelle vom Grill und warten Sie 5 Minuten vor dem Servieren.
10. Suchen Sie nach entgräteten Forellen in der Fischabteilung Ihres nahegelegenen Supermarktes oder Fischmarktes, oder noch besser, besorgen Sie sich Ihre eigene und entfernen Sie alle Gräten selbst.
11. Entgrätete Forellen sollten von Gräten befreit werden, dennoch ist beim Verzehr von Fisch stets Vorsicht geboten.
12. Die Kalträucherung erfolgt bei Temperaturen zwischen 70°F und 100°F.

Ernährung: Kalorien: 322 Kohlenhydrate: 2g Fett: 24g Eiweiß: 24g

81. Gewürzlachs-Spieße

Zubereitungszeit: 20 Minuten
Kochzeit: 25 Minuten
Portionen: 4
Zutaten:
- 2 Esslöffel gehackter frischer Oregano
- 2 Teelöffel Sesamsamen
- 1 Teelöffel gemahlener Kreuzkümmel
- 1 Teelöffel koscheres Salz
- 1/4 Teelöffel zerstoßene rote Pfefferflocken
- 1 1/2 Pfund Lachsfilets ohne Haut, in 1" Stücke geschnitten
- 2 Zitronen, in dünne Scheiben geschnitten
- 2 Esslöffel Olivenöl
- 16 Bambusspieße, eine Stunde lang in Wasser eingeweicht

Wegbeschreibung:
1. Stellen Sie den Grill auf mittlere Hitze ein. Mischen Sie Oregano, Sesam und Kreuzkümmel, Salz und rote Pfefferflocken in einer kleinen Schüssel. Stellen Sie die Gewürzmischung beiseite.
2. Stecken Sie den Lachs und die Zitronenscheiben auf 8 parallele Spieße, so dass Sie 8 Spieße erhalten.
3. Mit Öl beträufeln und mit der Gewürzmischung würzen.
4. Grillen und gelegentlich wenden, bis der Fisch gar ist.

Ernährung: Kalorien: 230 Fett: 10g Kohlenhydrate: 1g Eiweiß: 30g

82. <u>Gegrillter Zwiebel-Butter-Kabeljau</u>

Zubereitungszeit: 10 Minuten
Kochzeit: 15 Minuten
Portionen: 4
Zutaten:

- 1/4 Tasse Butter
- 1 fein gehackte kleine Zwiebel
- 1/4 Tasse Weißwein
- 4 (6 Unzen) Kabeljaufilets
- 1 Esslöffel natives Olivenöl extra
- 1/2 Teelöffel Salz (oder nach Geschmack)
- 1/2 Teelöffel schwarzer Pfeffer
- Zitronenspalten

Wegbeschreibung:

1. Stellen Sie den Grill auf mittlere bis hohe Hitze ein.
2. In einer kleinen Pfanne die Butter verflüssigen. Die Zwiebel hinzufügen und 1 bis 2 Minuten dünsten.
3. Den Weißwein hinzufügen und weitere 3 Minuten schmoren lassen. Herausnehmen und 5 Minuten abkühlen lassen.
4. Bestreichen Sie die Filets mit nativem Olivenöl extra und bestreuen Sie sie mit Salz und Pfeffer. Legen Sie den Fisch auf ein gut geöltes Gestell und garen Sie ihn 8 Minuten lang.
5. Würzen Sie ihn mit Sauce und drehen Sie ihn vorsichtig um. Weitere 6 bis 7 Minuten garen, dabei mehrmals wenden oder bis der Fisch eine Innentemperatur von 145ºF erreicht hat.
6. Vom Grill nehmen, mit Zitronenspalten garnieren und servieren.

Ernährung: Kalorien: 140 Fett: 5g Cholesterin: 46mg Kohlenhydrate: 4g Eiweiß: 20g

83. Gegrillter Tintenfisch mit Spinat und Pinienkernsalat

Zubereitungszeit: 15 Minuten
Kochzeit: 30 Minuten
Portionen: 6
Zutaten:

- 1/2 Tasse Olivenöl
- 1 Esslöffel Zitronensaft
- 1 Teelöffel Oregano
- Prise Salz
- 8 große Tintenfische, gesäubert
- Spinat, Pinienkerne, Olivenöl und Essig zum Servieren

Wegbeschreibung:

1. Bereiten Sie eine Marinade mit Olivenöl, Zitronensaft, Oregano und einer Prise Salz und Pfeffer zu (Vorsicht, Tintenfische brauchen nicht zu viel Salz).
2. Die Tintenfische in die Marinade legen und schwenken, um sie gleichmäßig zu bedecken. Abdecken und ca. 1 Stunde lang marinieren.
3. Nehmen Sie die Tintenfische aus der Marinade und tupfen Sie sie auf Küchenpapier trocken.
4. Starten Sie den Pelletgrill und stellen Sie die Temperatur auf hoch und heizen Sie bei geschlossenem Deckel 10 bis 15 Minuten vor.
5. Grillen Sie die Tintenfische nur 3 - 4 Minuten auf jeder Seite.

6. Heiß mit Spinat, Pinienkernen, Olivenöl und Essig servieren.

Ernährung: Kalorien: 299 Fett: 19g Cholesterin: 186mg Kohlenhydrate: 3g Eiweiß: 28g

84. Lachskuchen

Zubereitungszeit: 45 Minuten
Kochzeit: 7 Minuten
Portionen: 4
Zutaten:

- 1 Tasse gekochter Lachs, flockig
- 1/2 rote Paprika, gewürfelt
- 1 Esslöffel Senf
- 1/2 Esslöffel Rippenreiben
- 1 1/2 Tassen Paniermehl
- 2 Eier
- 1/2 Esslöffel Olivenöl
- 1/4 Tasse Mayonnaise
- Für die Sauce:
- 1 Tasse Mayonnaise, geteilt
- 1/2 Esslöffel Kapern, gewürfelt
- 1/4 Tasse Dill-Gurken-Relish

Wegbeschreibung:

1. Alle Zutaten für die Lachsküchlein bis auf das Öl in eine Schüssel geben, gut verrühren und 15 Minuten ruhen lassen.
2. Öffnen Sie den Trichter des Smokers, fügen Sie trockene Paletten hinzu, vergewissern Sie sich, dass der Aschebehälter an seinem Platz ist, öffnen Sie dann die Ascheklappe, schalten Sie den Smoker ein und schließen Sie die Ascheklappe.
3. Stellen Sie die Temperatur des Smokers auf 350 Grad F ein, schalten Sie den Smoker in den Kochmodus mit offener Flamme, drücken Sie die Taste 3 für die offene Flamme, nehmen Sie die Grillroste und die Charge heraus, ersetzen Sie die Charge mit dem Einsatz für die direkte Flamme, legen Sie dann die Roste in der unteren Position wieder auf den Grill, legen Sie das Blech ein und lassen Sie den Smoker 30 Minuten lang vorheizen oder bis das grüne Licht auf der Skala blinkt, das anzeigt, dass der Smoker die eingestellte Temperatur erreicht hat.

4. Bereiten Sie in der Zwischenzeit die Sauce vor. Geben Sie dazu alle Zutaten für die Sauce in eine Schüssel und verquirlen Sie sie, bis sie sich vermischt haben, und stellen Sie sie bis zum Gebrauch beiseite.
5. Dann die Lachsmischung auf das erhitzte Blech geben, ca. 2 Esslöffel pro Patty, mit einem Spatel zu einem Patty drücken, 5 Minuten grillen, dann die Patties umdrehen, 2 Minuten weitergrillen.
6. Wenn der Lachs fertig ist, geben Sie die Lachsküchlein auf einen Teller und servieren Sie sie mit der vorbereiteten Soße.

Ernährung: Kalorien: 229,7; Gesamtfett: 9 g; Gesättigtes Fett: 2 g; Protein: 22,4 g; Kohlenhydrate: 13 g; Ballaststoffe: 1,1 g; Zucker: 2,8 g

85. Gegrillter Red Snapper

Zubereitungszeit: 10 Minuten
Zubereitungszeit: 1 Stunde und 15 Minuten
Portionen: 4
Zutaten:
- 4 Filets vom Red Snapper, groß
- 1 Limette, entsaften, schälen, in Scheiben schneiden
- 2 mittelgroße Zwiebeln, in dünne Scheiben geschnitten
- 1 Teelöffel gehackter Knoblauch
- 3 Teelöffel gehackter Koriander
- 1 Teelöffel gemahlener schwarzer Pfeffer
- 1 Teelöffel Ancho-Chili-Pulver
- ½ Teelöffel Limettenschale
- 1 Teelöffel Salz
- ½ Teelöffel Kreuzkümmel
- 1/3 Tasse Olivenöl
- ¼ Tasse Ponzu-Sauce

Wegbeschreibung:
1. Öffnen Sie den Trichter des Smokers, fügen Sie trockene Paletten hinzu, vergewissern Sie sich, dass der Aschebehälter an seinem Platz ist, öffnen Sie dann die Ascheklappe, schalten Sie den Smoker ein und schließen Sie die Ascheklappe.
2. Stellen Sie die Temperatur des Smokers auf 350 Grad F ein, schalten Sie den Smoker in den Kochmodus "Offene Flamme", drücken Sie die Taste "Offene Flamme 3", nehmen Sie die

Grillroste und die Charge heraus, setzen Sie die Charge wieder auf den Direktflammeneinsatz, legen Sie die Roste wieder in die untere Position und lassen Sie den Smoker 30 Minuten lang vorheizen oder bis das grüne Licht auf dem Ziffernblatt blinkt, um anzuzeigen, dass der Smoker die eingestellte Temperatur erreicht hat.

3. Bereiten Sie in der Zwischenzeit den Guss zu. Geben Sie dafür alle Zutaten in eine Schüssel und rühren Sie sie um.
4. Nehmen Sie einen hitzebeständigen Garkorb, frühstücken Sie die Zwiebelscheiben und legen Sie sie zusammen mit den Limettenscheiben auf den Boden des Korbes.
5. Bestreichen Sie beide Seiten der Filets mit der Begießungsmischung, legen Sie sie in den Korb, dann den Korb auf den Smoker-Grill, schließen Sie ihn mit dem Deckel und räuchern Sie 30 bis 45 Minuten oder länger, bis sie gar sind, wobei Sie alle 15 Minuten mit der Begießung bestreichen.
6. Sofort servieren.

Ernährung: Kalorien: 311; Gesamtfett: 8,8 g; Gesättigtes Fett: 1,2 g; Protein: 45 g; Kohlenhydrate: 11 g; Ballaststoffe: 3 g; Zucker: 1,3 g

86. Zucker gepökelter Lachs

Zubereitungszeit: 6 Stunden und 10 Minuten
Kochzeit: 1 Stunde
Portionen: 4
Zutaten:

- 3 Pfund' Lachs, gehäutet
- 2 Esslöffel Meeresfrüchte-Rub
- 3 Tassen brauner Zucker
- 1 ½ Tasse Meersalz
- 1/3 Tasse BBQ-Sauce

Wegbeschreibung:

1. Bereiten Sie die Kur vor. Geben Sie dazu Salz, Zucker und Reibekörper in eine mittelgroße Schüssel und rühren Sie, bis sie sich vermischt haben.
2. Nehmen Sie eine große Auflaufform, verteilen Sie ¼-Zoll der Kur im Boden, legen Sie den Lachs darauf, verteilen Sie dann gleichmäßig die restliche Kur, decken Sie die Form ab und lassen Sie sie 6 Stunden im Kühlschrank ruhen.

3. Wenn Sie bereit sind, öffnen Sie den Trichter des Smokers, fügen Sie trockene Paletten hinzu, vergewissern Sie sich, dass der Aschebehälter an seinem Platz ist, öffnen Sie dann die Ascheklappe, schalten Sie den Smoker ein und schließen Sie die Ascheklappe.
4. Stellen Sie die Temperatur des Smokers auf 300 Grad F ein und lassen Sie ihn 30 Minuten lang vorheizen oder bis das grüne Licht auf der Skala blinkt, um anzuzeigen, dass der Smoker die eingestellte Temperatur erreicht hat.
5. In der Zwischenzeit die Auflaufform aus dem Kühlschrank nehmen, aufdecken, den Lachs aus der Kur nehmen, gut abspülen und mit Papiertüchern trocken tupfen.
6. Lachs auf den Smoker-Grill legen, mit Deckel verschließen, 20 Minuten räuchern, dann mit BBQ-Sauce bepinseln und 10 Minuten weiterräuchern oder bis er glasiert ist.
7. Sofort servieren.

Ernährung: Kalorien: 70; Gesamtfett: 1 g; Gesättigtes Fett: 0 g; Protein: 14 g; Kohlenhydrate: 2 g; Ballaststoffe: 0 g; Zucker: 2 g

87. Gepökelter, kalt geräucherter Lachs

Zubereitungszeit: 20 Minuten
Kochzeit: 6 Stunden
Portionen: 4 bis 6
Zutaten:

- ¼ Tasse Salz
- ¼ Tasse Zucker
- 1 Esslöffel frisch gemahlener schwarzer Pfeffer
- 1 Bund Dill, gehackt
- 1 Pfund Sashimi-grade-Lachs, ohne Haut
- 1 Avocado, in Scheiben geschnitten
- 8 Bagels
- 4 Unzen Frischkäse
- 1 Bund Alfalfa-Sprossen
- 1 (3,5-Unzen) Glas Kapern

Wegbeschreibung:

1. Vermengen Sie in einer kleinen Schüssel Salz, Zucker, Pfeffer und frischen Dill, um die Pökelmischung herzustellen. Beiseite stellen.

2. Legen Sie auf einer glatten Fläche ein großes Stück Frischhaltefolie aus und verteilen Sie die Hälfte der Pökelsalzmischung in der Mitte, so dass sie etwa die Größe des Lachses hat.
3. Legen Sie den Lachs auf das Pökelsalz.
4. Bestreuen Sie den Fisch mit dem restlichen Pökelsalz und bedecken Sie ihn vollständig. Wickeln Sie den Lachs ein und lassen Sie die Enden zum Abtropfen offen.
5. Legen Sie den eingewickelten Fisch in eine mit Papiertüchern ausgelegte Backform oder Schale, um die Flüssigkeit aufzusaugen.
6. Legen Sie ein Gewicht gleichmäßig auf den Lachs, z. B. eine Pfanne mit ein paar schweren Gurkengläsern obenauf.
7. Stellen Sie die Lachspfanne mit Gewichten in den Kühlschrank. Legen Sie etwas (z. B. ein Geschirrtuch) unter die Rückseite der Pfanne, um sie leicht nach unten zu kippen, damit die Flüssigkeit vom Fisch abläuft.
8. Lassen Sie den Lachs für 24 Stunden im Kühlschrank aushärten.
9. Legen Sie die Holzpellets in den Smoker ein, aber beachten Sie nicht den Startvorgang und heizen Sie nicht vor.
10. Nehmen Sie den Lachs aus dem Kühlschrank, packen Sie ihn aus, spülen Sie ihn ab und tupfen Sie ihn trocken.
11. Legen Sie den Lachs in den Smoker, wenn er noch kalt aus dem Kühlschrank kommt, um den Garprozess zu verlangsamen. Sie müssen einen Kalträucheraufsatz verwenden oder die Hilfe eines Räucherrohrs in Anspruch nehmen, um die Temperatur auf 80°F zu halten und diese 6 Stunden lang zu halten, um den Rauch zu absorbieren und den Kalträucherungsprozess abzuschließen.
12. Nehmen Sie den Lachs aus dem Räucherofen, legen Sie ihn in eine verschlossene Plastiktüte und stellen Sie ihn 24 Stunden lang in den Kühlschrank. Der Lachs wird durch und durch durchsichtig sein.
13. Schneiden Sie den Lachs in dünne Scheiben und servieren Sie ihn mit geschnittener Avocado, Bagels, Frischkäse, Alfalfasprossen und Kapern.

Ernährung: Kalorien: 70; Gesamtfett: 1 g; Gesättigtes Fett: 0 g; Protein: 14 g; Kohlenhydrate: 2 g; Ballaststoffe: 0 g; Zucker: 2 g

88. Gegrillter Lachs

Zubereitungszeit: 20 Minuten
Kochzeit: 4 Stunden
Portionen: 8
Zutaten:

- Lachs, groß, entbeint - 1, etwa 3 Pfund
- Salz - 1 Tasse
- Brauner Zucker - 1 Tasse
- Gemahlener schwarzer Pfeffer - ½ Tasse

Wegbeschreibung:

1. Bevor Sie den Grill vorheizen, pökeln Sie den Lachs. Nehmen Sie dazu eine kleine Schüssel und rühren Sie alle Zutaten darin um.
2. Nehmen Sie ein großes Stück Frischhaltefolie, das etwa 6 Zoll länger ist als das Lachsfilet, und verteilen Sie die Hälfte der Kurmischung darauf.
3. Mit Lachs belegen, gleichmäßig mit der restlichen Kurmischung bedecken und dann durch Falten der Ränder in Frischhaltefolie einwickeln.
4. Geben Sie den eingewickelten Lachs in eine rechteckige Auflaufform, decken Sie ihn mit einer schweren Pfanne oder einem Dosenpaar ab und lassen Sie ihn mindestens 8 Stunden im Kühlschrank ruhen.
5. Dann den Lachs aus der Auflaufform nehmen, freilegen, gut abspülen und trocken tupfen.
6. Nehmen Sie ein Blech, legen Sie ein Drahtgitter darauf, dann legen Sie den Lachs mit der Hautseite nach unten darauf und lassen Sie ihn mindestens 8 Stunden im Kühlschrank abkühlen, bis er vollständig trocken ist.

7. Wenn der Grill vorgeheizt ist, legen Sie den Lachs auf den Grillrost und lassen ihn 4 Stunden lang räuchern oder bis das Bedienfeld die Innentemperatur von 150 Grad F anzeigt.
8. Kontrollieren Sie das Feuer nach einer Stunde Räuchern und fügen Sie bei Bedarf weitere Holzpaletten hinzu.
9. Wenn der Lachs fertig ist, in Scheiben schneiden und sofort servieren.

Ernährung: Kalorien: 311; Gesamtfett: 8,8 g; Gesättigtes Fett: 1,2 g; Protein: 45 g; Kohlenhydrate: 11 g; Ballaststoffe: 3 g; Zucker: 1,3 g

SCHLUSSFOLGERUNG

Traeger Grill ist einer der bekanntesten Hersteller von Pelletgrills in der Welt. Ihre Produkte gehören auch zu den beliebtesten in den USA.

Der Traeger Grill kam erstmals 1998 auf den Markt und wurde von Kochenthusiasten entwickelt, die einen Grill wollten, der ihnen maximale Kontrolle über ihren Kochprozess gibt. Das ursprüngliche Modell hatte nur zwei Brenner, aber jetzt gibt es alle Arten von Modellen mit verschiedenen Leistungsstufen, Pelletkapazitäten und Preisklassen für jeden Geschmack und jedes Budget.

Das Tolle daran ist, dass Sie einen wirklich guten, günstigen Grill für weniger als 300 Dollar bekommen können.

Wenn Sie den Traeger-Grill verwenden, sollten Sie einige Dinge beachten:

1. Grillroste müssen mit Speiseöl besprüht werden
2. Grillrost muss mit Zange gedreht werden
3. Der Grill muss nach den ersten 7-10 Minuten des Garens gewendet werden (die Zeit, die der Grillrost braucht, um sich aufzuheizen)
4. In den Grill sollte ein Fleischthermometer eingesetzt werden, wenn Sie einen Traeger-Grill verwenden (bei Verwendung eines anderen Grilltyps ist dies möglicherweise nicht erforderlich)
5. Sie können den Seitenbrenner und die Anbratplatten des Traeger zum Braten von Speisen oder zum Kochen von Wasser verwenden
6. Minimieren Sie das Aufflammen durch häufiges Wenden des Fleisches und lassen Sie es bei Bedarf länger bei niedrigeren Temperaturen garen
7. Das Begießen von Speisen während des Grillens hält die Speisen feucht
8. Verwenden Sie beim Grillen eine spezielle Soße, um Ihrem Gericht Geschmack und Aroma zu verleihen
9. Die Grillzeit und -temperatur hängt von einer Reihe von Faktoren ab, wie z. B. von der Art des Fleisches, der Dicke, dem gewünschten Gargrad usw.

Deshalb empfehlen wir die Verwendung eines Fleischthermometers, um möglichst genaue Ergebnisse zu erzielen und die Mahlzeit zu genießen. Wir empfehlen immer, dass Sie kochen, bis die Innentemperatur Ihres Fleisches 170 Grad F (77 Grad C.) erreicht hat, gemessen mit einem Fleischthermometer. Da Grillroste unterschiedlich dick sein können, kann es notwendig sein, die Garzeiten an die Bedingungen Ihres eigenen Grills anzupassen.

Einfache Wege, den Geschmack beim Grillen von Fleisch zu verbessern:

1. Marinaden - Verwendung als Marinade für 2 Stunden
2. Wet Rubs - Geben Sie das Fleisch in einen Beutel, stellen Sie Ihren Rub her und gießen Sie ihn auf das Fleisch, verschließen Sie den Beutel und lassen Sie es über Nacht marinieren
3. Dry Rubs - Machen Sie den Dry Rub im Voraus und mischen Sie ihn mit Olivenöl oder Butter, geben Sie ihn in eine Schüssel und tragen Sie ihn dann auf Ihr Fleisch auf
4. Pökeln - 2 Esslöffel (30 ml) Kochsalz mit 1 Quart (1 L) Wasser und einem gewünschten Gewürz oder Kräutern wie Pfeffer, Rosmarin oder Thymian mischen, in eine große Schüssel geben, Fleisch hinzufügen und über Nacht im Kühlschrank lagern
5. Übertragungen - legen Sie den Trockenabrieb auf das Fleisch und grillen Sie dann, so erhalten Sie den Geschmack Ihres Trockenabriebs auf Ihrem Fleisch
6. Rubs und Pasten - mischen Sie die gewünschten Kräuter und Gewürze zusammen, fügen Sie bei Bedarf Öl hinzu, können Sie im Kühlschrank oder Gefrierschrank aufbewahren
7. Wischmopps - verwenden Sie einen sauberen Wischmopp, um Tropfen aufzusaugen, die auf Ihren Grill fallen, drehen Sie den Wischmopp in die Windrichtung, damit sich der Saft über das Fleisch verteilt
8. Saucen - nutzen Sie die Vorteile von Aromen, indem Sie Saucenmischungen verwenden, um Ihre Speisen zu verbessern und ihnen Geschmack zu verleihen

Vielen Dank für Ihre Unterstützung bei diesem Buch. Viel Spaß beim Grillen.

CPSIA information can be obtained
at www.ICGtesting.com
Printed in the USA
BVHW090306180521
607554BV00009B/2007